Martin Luther

DU MÊME AUTEUR

La religion se porte bien. Croquis pastoraux, Labor & Fides, 1996.

La racine qui te porte. Essai sur la lecture chrétienne de la Bible juive, Le Moulin, 1996.

Foi et vie des protestants, Desclée de Brouwer, 1996.

Charles Péguy, Desclée de Brouwer, 1998, Temps et visages *(à paraître)*.

Contribution à des ouvrages collectifs :

Prêtres et pasteurs, Mame, 1968, Églises en dialogue.

Tous invités : la Cène du Seigneur célébrée dans les Églises de la Réforme, Le Centurion, 1982.

Consensus œcuménique et différence fondamentale, Comité mixte catholique-protestant en France, Le Centurion, 1987.

Choix éthiques et communion ecclésiale, Comité mixte catholique-protestant en France, Le Cerf, 1992.

Paroles de pape, paroles protestantes, Les Bergers et les Mages, 1995.

France Quéré, Présence d'une parole, Les Bergers et les Mages, 1997.

MICHEL LEPLAY

Martin Luther

TEMPS ET VISAGES

DESCLÉE DE BROUWER

Série Religion. Spiritualité

76 *bis*, rue des Saints-Pères, 75007 Paris
ISBN 2-220-04167-0

En souvenir du professeur Henri Meylan

« Le chrétien est un libre seigneur de toutes choses et n'est soumis à personne.

Le chrétien est en toutes choses un serviteur et il est soumis à tout le monde. »

De la liberté du chrétien (1520)

INTRODUCTION

Luther au choix

Comment faire tenir en deux cents petites pages le récit intense et la pensée jaillissante de cette existence chrétienne exceptionnelle ? On ne peut en effet ni en effacer les circonstances particulièrement dramatiques, ni en oublier les grandes scènes et les affrontements épiques. Il faudrait pouvoir écrire une vie de Luther sans aucune limite éditoriale, et plonger dans le torrent de sa pensée sans crainte de s'y noyer !

Et pourtant, il me semble que la fidélité au vrai Luther impliquerait plutôt réserve et discrétion, en tout cas retenue. Lui-même ne disait-il pas, s'agissant de la vie chrétienne, que « tout se passe au cœur » ? Car on trouve chez celui qui a mérité le titre de « premier patriarche de la Réforme », une pauvreté intérieure et une attitude d'humilité qui procèdent plus des vertus évangéliques que des politesses nécessaires. Quand il écrit le 31 octobre 1517 à l'archevêque de Magdebourg, Albert de Brandebourg, auquel il envoie pour étude ses 95 thèses sur les indulgences, il conclut :

« Je prie Votre Grandeur de bien vouloir accepter ce bon office de son humble serviteur, avec toute la bonté qui sied à un évêque et à un prince, comme moi-même je le fais d'un cœur fidèle et dévoué. Car je suis aussi une brebis de votre troupeau... »

Il est important de souligner d'emblée que l'attitude de Luther, du moins dans les premières années habitées par la volonté et l'espoir d'une réforme de l'Église, a été celle d'un fils soumis et confiant. « Tout se passe au cœur », comme en témoigne à la même époque le commentaire des Psaumes de la pénitence. Le moine augustin et professeur de Bible y découvre et enseigne la misérable situation de l'homme devant Dieu, et combien dans cet abîme seule la grâce peut venir à bout de son désespoir et de sa perdition. La première grandeur de Luther est dans cette pauvreté du cœur, même si sa deuxième grandeur sera dans son ardeur polémique et parfois excessive à témoigner de la grâce seule, contre les arrangements et les aménagements de l'institution cléricale.

Nous ne choisirons donc pas un Luther contre l'autre. Certains auteurs ont pu céder, même de bonne foi, à cette tentation de ne prendre prioritairement en compte que la face lumineuse et apaisée de Luther, ou au contraire, de se complaire à souligner les traits obscurs et les excès.

Les hagiographes, dans l'héritage de l'orthodoxie luthérienne du XVIIe siècle et du romantisme religieux ultérieur, ont souligné avec une bienfaisante complaisance les caractéristiques du bon chrétien allemand, père de famille, buveur de bière, aimant tendrement sa Catherine (sa dernière lettre, deux jours avant sa mort, est adressée à sa femme, datée de la Saint-Valentin 1546, et il lui écrit : « Je t'envoie des truites dont on m'a fait cadeau... ») — Luther enfin, et plus encore, prédicateur et catéchète des humbles, amateur de musique, appréciant les gravures, les bons mots et les bons mets comme en témoignent les célèbres *Propos de table.*

D'autres, irrités sans doute par le rayonnement de la Réforme et la permanente emprise de la pensée de Luther sur le christianisme, ont au contraire tenté de le noircir, de l'expliquer en l'accusant, de le dénigrer aux yeux de nos contemporains. Le plus célèbre fut un malheureux père Denifle, pourtant dominicain, qui, au début du XXe siècle, écrivit un abondant ouvrage en plusieurs tomes sur *Luther et le luthéranisme* : tares, bassesses, médiocrités, polygamie et ivrognerie, mensonges et scatologie tout était bon, si l'on peut dire, pour salir et dévaloriser à jamais la vie et par suite l'œuvre du Réformateur allemand. Pour l'honneur de l'honnêteté intellectuelle, l'historien Lucien Febvre, professeur au

Collège de France, publiait en 1927 un livre décisif, réédité depuis, *Un destin, Martin Luther*, le livre de référence, sans esprit de parti, à distance amicale et affinée des enjeux les plus légitimes de la réformation protestante du XVIe siècle.

Il faudra également débarrasser la mémoire occidentale de quelques jugements à l'emporte-pièce, émanant parfois d'intellectuels catholiques réputés, et en citer deux ne fait que souligner l'importance permanente de Luther par l'acharnement mis encore à le diminuer ou à le déconsidérer. Jacques Maritain, dans *Trois Réformateurs*, avait écrit :

> « L'immense désastre que la Réforme protestante fut pour l'humanité n'est que l'effet d'une épreuve intérieure qui a mal tourné, chez un religieux sans humilité. »

Georges Bernanos, dans un *Luther* de 1943, affirmait que « l'Église n'a pas besoin de réformateurs, mais de saints », et l'illustre gaiement :

> « Luther, c'était un homme qui n'avait rien d'un beau vase, mais plutôt un pichet de paysan, un de ces pichets de grossière faïence, couleur de miel, dans lequel on va tirer au tonneau n'importe quoi, du cidre, de la bière, de l'eau de vie... »

Mais passons sur ces propos de vieille polémique, sur les phrases plus perfides encore qu'on trouverait sous la plume de Léon Bloy ou dans certains textes de Paul Claudel. A toutes ces boissons acides et eaux mortes mêlées de poison, mieux vaut substituer le bon vin œcuménique, qui a déjà vieilli de quelques années et qui témoigne, à la table de Luther, de la réconciliation renouvelée entre chrétiens et de la probable reconnaissance par nos amis catholiques de la place positive et irremplaçable de Martin Luther dans l'histoire de l'Église en Occident.

Ainsi, d'une part, le père Congar écrivait-il en 1975 dans ses mémoires intitulées *Une vie pour la vérité* :

« L'Allemagne, je l'ai rencontrée par mes études, surtout en la personne de Luther... Cet homme est un des plus grands génies religieux de toute l'histoire. Je le mets à cet égard sur le même plan que saint Augustin, saint Thomas d'Aquin ou Pascal. D'une certaine manière, il est encore plus grand. Il a repensé tout le christianisme... »

Et d'autre part, en écho au célèbre dominicain, le pasteur de l'Église réformée et professeur de théologie que fut Pierre Maury avait écrit dès 1931 ces *Trois histoires spirituelles*, consacrées à saint Augustin, Luther et Pascal. Du second il disait :

« Luther n'est pas seulement l'initiateur d'un monde, il est lui-même un monde où tout fusionne et s'entrechoque, un de ces centres de l'histoire vers lesquels convergent les mouvements du passé, d'où les lignes de l'avenir s'infléchissent... »

Notre siècle, qui aura été celui de l'Église en voie de reconstruction universelle, de réconciliation et de synergie, aura vu notamment autour de Luther s'établir un consensus interprétatif et reconnaissant. Si des procédures ecclésiastiques de réhabilitation et des accords théologiques formalisés sont encore attendus, il reste vrai que reçu à Paris par les protestants le 31 mai 1980, le pape Jean-Paul II nous a dit :

> « Je vis profondément l'anniversaire que vous vivez cette année, je veux dire le 450ᵉ anniversaire de la Confession d'Augsbourg, oui, profondément. Je le vis d'une manière pour moi incompréhensible, parce que c'est quelqu'un qui le vit en moi. Quelqu'un te conduira... »

Mais pour être complet dans cet inventaire des interprétations et de l'actualité de Luther, au choix de ses lecteurs contemporains, il faut ajouter deux dimensions, l'une psychologique sinon de l'ordre de la psychanalyse, l'autre culturelle et même de dimension politique.

Conjuguant la psychanalyse et l'histoire, Erik H. Erikson, dans un ouvrage traduit en français sous le titre *Luther avant Luther* (1968), tente d'expliquer l'angoisse morbide du jeune moine par la culpabilité née d'une enfance sévère, de l'expérience de la violence et de la fragilité, le conduisant à se confier entièrement à un Dieu Père et à se dresser d'autant plus fortement contre la figure terrestre de cette autre paternité que représente pour lui le pape. Dans le même sens, avec *L'angoisse de Luther*, en 1974, Roland Dalbiez confirme chez le futur réformateur un sentiment de culpabilité d'une telle violence que l'issue ne pourrait en être que la mort, voire par suicide, n'était la découverte d'une justification possible par la foi. Mais la foi est alors et aussi ce consentement thérapeutique à la réalité de l'humain. Et l'on comprend que cette explication d'une histoire spirituelle dramatique par des éléments tenant des sciences humaines rencontre de nos jours un certain assentiment : la religion, après tout, dans une société sécularisée et dans une culture non religieuse, apparaît comme la plus douce des médecines et la plus gratuitement efficace des consolations. Le docteur Martin Luther avait-il pensé à cette ambivalence de son titre universitaire ?

Mais un autre et dernier point de vue sur le même personnage, très éloigné de notre propos théologique et chrétien, consiste à mesurer, voire à magnifier les incidences culturelles de l'impact politique du message de Luther.

Jules Michelet, dont c'est un bonheur de citer quelques lignes enthousiastes de *Renaissance et Réforme* salue comme une bénédiction

« ... la bonne et forte main du grand Luther qui, dans son verre gothique, nous versa le vin du voyage. Ce vin fut l'assurance que celui-ci donna à l'homme, qui le releva et le mit en chemin. Cent fois on avait dit au pauvre peuple, qui avait tant souffert, qu'il était pardonné. Luther le jura, se fit croire, et le monde, raffermi des vaines terreurs, se lança dans l'action… »

Plus tard, Jean Jaurès, confirmant cette analyse, dira tout de son point de vue sur l'impact historique et social de Luther avec la formule bien connue : « Celui qui renouvelle le ciel rénove la terre. » Et les communistes de la RDA ne manqueront pas, commémorant en 1983 le cinquième centenaire de la naissance de Luther, de souligner son nationalisme populaire comme contestation des pouvoirs de la richesse et de la religion.

I

Le temps de Luther

Renaissance et Réforme

Sans rien enlever à la personnalité fortement originale et à la carrière exceptionnelle de Martin Luther, il convient de le situer en son temps. Né vers la fin du XVe siècle et mort soixante-trois ans plus tard au milieu du XVIe siècle (1483-1546), Luther fut le contemporain, bénéficiaire et acteur d'une série extraordinaire d'événements nouveaux. On a parlé de façon assez exacte du commencement des Temps modernes, avec ce siècle de découvertes, et de vertiges, ce siècle d'exaltation et d'angoisse. Des transformations en chaîne sont tellement importantes qu'elles en deviennent explosives et constituent une exceptionnelle accélération du progrès.

On pourrait schématiquement distinguer trois mouvements différents mais contemporains et dont la synergie provoque l'apparition d'un monde nouveau.

D'abord, l'expansion géographique, puisque Christophe Colomb découvre l'Amérique en 1492

(Luther a neuf ans !), Vasco de Gama double en 1498 ce cap de Bonne-Espérance dont le nom de baptême est déjà un programme, enfin, et plus encore, quand Magellan estime avoir fait en 1521 le tour du monde, il a démontré à qui veut l'entendre que la terre est ronde et que l'homme ne cessera de tourner sur le globe d'une géographie sans fin. Et Copernic, de dix ans plus jeune que Luther, chanoine sur la terre et astronome dans le ciel, passe du géocentrisme primitif à l'héliocentrisme planétaire, que Galilée confirmera plus tard et à ses dépens avec la théorie de la rotation du soleil et de la terre sur elle-même.

Ensuite, la situation évolue rapidement où s'entrecroisent et se fécondent des facteurs économiques et des éléments culturels. Il est difficile de les départager, mais l'ensemble constitue pour les habitants du XVIe siècle des progrès et des problèmes aussi nombreux et nouveaux que l'ont été pour notre temps l'énergie nucléaire et les systèmes informatiques. Justement, Gutenberg a mis au point l'imprimerie et, dès les années 1450, livres et livrets, libelles et manifestes se répandent auprès des dix pour cent de la population qui sait lire, et lire aux autres. C'est depuis Strasbourg et Mayence que les textes sont d'abord diffusés, dès 1487 une Bible complète en français, en 1516 le texte du Nouveau Testament en grec établi par Érasme, bientôt, on le verra, les éditions successives des premiers écrits de Luther. Cette explosion intellectuelle favorise l'extension de la Renaissance, celle des lettres d'abord, et le retour aux sources de l'Antiquité. A la suprématie de la théologie vient se juxtaposer, parfois non sans conflit, la littérature païenne et les essais d'un humanisme qui pointe et cherche un autre langage que les formules toujours recommencées de la scolastique et des « sentences » sans cesse commentées.

Le développement du commerce, des industries, des universités et des banques, ces lieux de savoir et d'avoir, la croissance des villes de bourgeois qui s'affranchissent de la chevalerie et de la noblesse, la richesse globale et l'amélioration des communications concourent aussi à la multiplication des œuvres d'art appréciées. La peinture et les arts graphiques, la musique et la poésie contribuent à un nouvel art de vivre en liberté. Comme si le siècle s'épanouissait enfin avec le souvenir qui s'éloigne des pestes noires et des famines passées. Car c'est aussi de cette Renaissance comme de la Réformation qui est là que Michelet pouvait dire de ce temps : « Et l'Europe se mit à chanter. »

Et pourtant, l'explosion géographique et les découvertes scientifiques, l'amélioration économique et l'ivresse culturelle ne pouvaient combler d'autres attentes, religieuses et spirituelles pour lesquelles les offres de l'Église étaient de plus en plus insuffisantes.

Le temps de la Renaissance est aussi celui de la Réforme. Celle-ci, malgré la date emblématique qu'on lui donne avec les 95 thèses de Luther sur les indulgences, proposées à la discussion publique le 31 octobre 1517, cette Réforme est constituée par un long et lent ensemble d'événements successifs. On pourrait d'ailleurs appeler « Réformation » le grand mouvement de contestation et de renouveau qui a habité et secoué l'Église d'Occident à cette époque, et parler avec nos historiens actuels du « temps des Réformes ». De ces Réformes, on pourrait en distinguer quatre : la Réforme d'avant la Réforme, la Réforme elle-même autour de Luther et de Calvin, puis la Réforme dans la Réforme avec les mouvements radicaux des anabaptistes et illuminés, enfin la Réforme catholique elle-même, dite Contre-Réforme et dont le concile de Trente est le moment le plus apparent.

La question posée d'un retour aux sources de la foi était de plus en plus fortement lancée dans l'Église. Sans cesse, certes, l'Église latine avait été traversée de courants rénovateurs et de mouvements de réformation, les ordres religieux, ayant largement contribué à préparer et en même temps à différer les changements nécessaires. Les dominicains avaient contribué à un renouveau de la prédication, les franciscains, récupérés grâce à l'esprit de soumission filiale de leur fondateur, avaient posé de bonnes questions à la richesse romaine, et dans l'ordre des augustins, où travaillera Luther, l'étude de la meilleure théologie latine maintiendra en Occident de hauts foyers de réflexion et de culture biblique.

Le peuple des fidèles, souvent abandonné à un clergé médiocre et à la conduite discutable, un clergé tenu très éloigné d'une hiérarchie soucieuse de son pouvoir et des bénéfices ecclésiastiques, les abus des grands par excès comme l'abandon des petits par défaut, tout contribuait à l'attente de plus en plus forte d'une « réforme de l'Église dans sa tête et dans ses membres ».

Les mécaniques ecclésiastiques les mieux rôdées pour satisfaire la piété populaire montraient leurs limites et leur usure, que ce soit le culte de la Vierge et les récitations du Rosaire avec ses 150 Ave entrecoupés de 15 Pater, ou le bénéfice venu de reliques visitées, ou pis encore la vente des indulgences, dont on ne fera pas l'économie !

Mais d'autre part, un courant profond circulait dans l'Église, celui dit en latin de la via moderna, *illustré par* L'imitation de Jésus-Christ, *habité de compassion avec les souffrances du Christ, de recherche de la vie intérieure. Autant une certaine théologie scolastique, la* via antiqua, *avait introduit dans le christianisme les argumentations de la raison et les raisons de la philosophie, autant la tradition mystique d'un saint Bernard puis d'un maître Eckart avaient gardé et renouvelé des valeurs évangéliques et spirituelles d'intuition et de sensibilité.*

Tel est ce monde religieux, désespérant et inacceptable pour les uns, aménagé et subi par d'autres, dans lequel, à l'ouverture d'un siècle exceptionnel, les habitants du Saint Empire romain germanique pensent à leur avenir. Le plaisir de vivre et d'aller de l'avant enthousiasme certains, mais d'autres ne peuvent oublier la peur de mourir et leur sort au-delà.

La Réforme « avant la Réforme » avait dès la fin du XIVe *siècle posé les jalons et pris les risques d'un renouveau nécessaire. John Wiclif, théologien d'Oxford, se propose de rejeter le pape et les évêques, le célibat des prêtres et les bénéfices ecclésiastiques. Tout cela sera condamné en 1414 au concile de Constance qui conduira au bûcher Jan Hus, le partisan bohémien du sacerdoce universel et de la communion sous les deux espèces, du pain et du vin. Et Savonarole, dominicain de Florence, mort en 1498, a fustigé les mœurs dépravées, chassé les Médicis et opposé à Alexandre VI Borgia un nouvel ordre moral, mais qui sera bientôt réduit en cendres.*

Car « le sabre et le goupillon », dirait-on de nos jours, s'entendaient bien pour faire le ménage et réprimer la contestation. L'Église avait tous les moyens, elle dont l'autorité civile et le pouvoir impérial recevaient leur légitimité. Parmi les sept grands électeurs de l'Empereur sont quatre princes et trois évêques, et des représentants laïcs et clercs de haut rang composent avec eux la Diète. L'empereur du Saint Empire romain germanique convoque ce « Reichstag » dans une grande ville, comme Charles Quint, contemporain de Luther (il règne de 1519 à 1556) le fera à Worms en 1521 ou à Augsbourg en 1530.

L'empire de Charles Quint, germanique et atypique, menaçant et menacé, comporte outre l'héritage des Habsbourg (Artois, Flandre, Brabant, Luxembourg et Franche-Comté) autour de l'Allemagne actuelle, les royaumes de Naples et de Sicile, la Sardaigne et l'Espagne, et, en Amérique après les conquêtes que le pape a prudemment réparties, Mexique et Pérou, entre l'Espagne et le Portugal.

Si fort soit cet empire, il tremble car les Turcs sont aux portes, de Budapest puis de Vienne.

Si forte soit cette Église, elle frémit car Luther va entrer à l'université de Wittenberg, cette ville de deux mille habitants, en Saxe, sur l'Elbe, avec son couvent des augustins.

Mais personne n'en sait rien encore, y compris le moine Martin lui-même.

Le jour

(1483-1504)

Toute naissance est lumière, lever de jour, et quand Martin vient au monde, le 10 novembre 1483 dans la petite maison de Jean, son père, et de Marguerite née Ziegler, il vient compléter une famille de six enfants. « Je suis fils d'un paysan, mon père, mon grand-père, mes aïeux étaient tous de vrais paysans. » Si bien qu'entre l'image idyllique d'une société plus bucolique que rurale, et le noir tableau de la misère laborieuse des rustres, il y a place, avec vraisemblance, pour un milieu à la pauvreté digne et que l'effort vertueux ennoblit toujours. Le père, Jean Luther, va bientôt quitter le village d'Eisleben où est né Martin, pour trouver à Mansfeld une meilleure situation dans les mines de cuivre et d'argent. Il y exercera aussi une charge municipale. La mère, toujours très sévère, n'en cache pas moins une nature sensible et mystique, pieuse en vérité et parfois superstitieuse en religion.

Le petit a été baptisé le lendemain de sa naissance, le 11 novembre, de ce sacrement séculaire et universel qui fait d'un nouveau-né une personne à part entière devant Dieu et dans sa communauté.

A sept ans, le gamin rejoint l'école communale, où on inculque aux enfants des rudiments de catéchisme, quelques chants liturgiques et des notions de latin. Après sept années de ce régime, le garçon est placé par son père à l'École latine de Magdebourg : une association religieuse dite des « Frères de la vie commune » y pratique avec ferveur l'enseignement de la Bible et l'écoute de la Parole de Dieu, dans la tradition pédagogique du jeune Samuel attentif au prophète Héli et au Seigneur. Enfin, Luther est initié à l'intelligence mystique de la messe et entrevoit déjà la plénitude salutaire de la vie monastique. Mais pour des raisons mal connues de santé, Martin, qui a quinze ans, est envoyé chez un oncle, en pension, à Eisenach pour y poursuivre ses études. Ce seront en fait deux années d'adolescence latine et musicale ; on y déchiffre les textes augustes et on chante à pleine voix dans les rues. C'est une forme du bonheur « estudiantin » de toutes les générations !

Las, vers dix-sept ans les choses sérieuses commencent : apprentissage des arts libéraux à l'université d'Erfurt, logique, astronomie, grammaire, géométrie et métaphysique, etc. Temps de sagesse intellectuelle et d'élégance philosophique, à l'école d'Aristote, de la scolastique et de ses subtilités construites.

En février 1505 Martin Luther est reçu brillamment « maître ès arts » et va être autorisé à donner des cours. On raconte que « son père, ébloui et heureux, décida de ne plus le tutoyer ».

La nuit
(1505-1512)

Cependant, ce « jeune compagnon de bonne et joyeuse nature, adonné aux études et à la musique » est un inquiet, tourmenté par la crainte de Dieu et habité par une profonde appréhension du jugement dernier. Le climat général de la prédication et de la catéchèse est assez bien illustré par les images, au tympan des églises, d'un Christ qui trône pour juger les vivants et les morts et départager les élus des damnés entre les portes verdoyantes du paradis et la gueule rougeoyante des enfers. Cliché, pour aujourd'hui, mais dont Jean Delumeau a bien expliqué qu'il s'agissait pour les hommes du XVIe siècle d'une réalité matérielle et non d'une représentation virtuelle. A un point tel qu'en danger de mort une fois par accident et blessure au sang, une autre fois sous un orage et sa menace de feu, Luther, qui a un peu plus de vingt ans, panique à l'entrevue de sa destinée éternelle au-delà d'un trépas possible. En grand péril, ce n'est pas au Christ qu'il s'en remet, mais c'est à sa Mère qu'il se confie : « Je serais mort, dit-il, en m'appuyant sur Marie. »

Malgré toutes les explications familiales et psychologiques aussi légitimes que possible, il demeure que le jeune maître en philosophie est poursuivi par le drame intérieur et cosmique de « l'homme et de sa destinée », n'étant pas le seul comme il le raconte en associant ses compagnons à la tourmente :

> « Nous pâlissions au seul nom du Christ, car on ne nous le présentait que comme un juge sévère, irrité contre nous. On nous disait qu'au jugement dernier il nous demanderait compte de nos péchés, de nos pénitences, de nos œuvres. Et, comme nous ne pouvions nous repentir assez et faire des œuvres suffisantes, il ne nous demeurait, hélas, que la terreur et l'épouvante de sa colère... »

Ou, pour le dire autrement, il y avait pour Luther comme pour tous les fidèles écoutant à l'église le chant du Requiem aux grandes funérailles, plus de *Dies irae* que de *Lux perpetua* dans la liturgie reçue par le peuple de Dieu.

Si l'on ajoute au double péril personnel entrevu par le jeune homme le décès subit d'un ami proche et la mort, par la peste encore, de deux de ses frères, on sera moins étonné de sa décision aussi apparemment subite que longuement mûrie : en juillet 1505 il a convoqué ses amis pour leur annoncer son entrée immédiate au couvent des augustins d'Erfurt. L'idéal monastique des frères qui se consacrent par les vœux de pauvreté, obéissance et chasteté, comme la qualité universitaire du travail intellectuel de ces lecteurs de l'Écriture, cette pauvreté du cœur et ce service de l'esprit correspondent aux exigences de la situation. Comment « devenir vraiment chrétien » sinon en se donnant au service de Dieu et à l'étude de sa Parole ?

Zélé pour appliquer la Règle pourtant très rigoureuse, le novice va confirmer son engagement dans cette direction au terme de laquelle il espère trouver réponse à la seule question existentielle et éternelle qui le travaille : « Comment puis-je obtenir un Dieu miséricordieux ? » en allemand *« gnädiger »*, que l'on peut aussi traduire par « gracieux, qui fasse grâce ».

Et voilà le jeune moine qui se jette à corps perdu, si l'on ose dire, pour sauver son âme des peines éternelles, dans cette pénitence perpétuelle qui fera écrire à Lucien Febvre que Luther ne fut pas « un mauvais moine, non, un trop bon moine, au contraire, ou du moins qui ne péchait que par excès de zèle ». Luther lui-même s'en rendit compte ultérieurement, qui écrivit de ce temps-là : « J'ai été un moine pieux... Si jamais un moine est arrivé au ciel par la moinerie, j'y serais bien arrivé aussi... »

J'ai intitulé « la nuit » cette période d'une dizaine d'années qui ouvre la vie de Luther en sa première jeunesse. Non pas que tout fût sombre autour de lui, et qu'on puisse l'imaginer avoir été indifférent ou étranger à toutes les lumières renaissantes ou naissantes de ce beau siècle. Mais, et en cela Luther est très « religieux » encore, au sens ancien du terme : l'interrogation permanente sur la vie, son sens et sa destination, l'habite et l'assombrit tant qu'il n'a pas trouvé réponse. Il est obscurément confit dans ses prières monastiques, livré à la petite danse des morts des lettres imprimées et cerné de toutes parts entre les murs du couvent et les murmures de ses dévotions. Il en témoignera aussi, avec le minimum d'exagération littéraire tant les précisions sont réelles :

« Étant moine, je ne voulais rien omettre de mes prières. Souvent surchargé de besognes à cause de mes cours, et de mes travaux écrits, je rassemblais mes heures de toute une semaine, voire même de deux ou trois semaines. Je m'enfermais alors parfois trois jours entiers, sans manger ni boire, jusqu'à ce que j'eusse fini mon bréviaire. La tête m'en devenait si lourde que je ne pouvais fermer l'œil pendant cinq nuits. J'étais à l'agonie... »

Trois événements vont marquer cette période de la vie de Luther, devenu moine dans l'ordre des augustins.

D'abord, il est, comme la majorité de ses frères, ordonné prêtre de l'Église catholique romaine. Sa première messe, cette célébration solennelle de l'eucharistie, en présence de son père venu tout exprès, fut pour le jeune consacré et consacrant un moment difficile : comment, avec un tel sentiment du péché de l'homme oser se tenir devant le Dieu trois fois saint ?

Le jeune moine et nouveau prêtre, dont les supérieurs connaissent les tourments, est confié à l'accompagnement pastoral de Johann von Staupitz, le vicaire général des augustins. Ce directeur de conscience, zélé et fraternel contribua largement à apaiser le trouble dans l'âme de Luther, lequel lui garda attachement et reconnaissance, même si le vicaire général n'alla jamais aussi loin dans la critique de l'Église que son jeune protégé. Un texte de 1518 témoigne de la gratitude spirituelle de Luther pour Staupitz, ce qui prouverait que même là où l'on désespère de la hiérarchie il peut rester de bons pasteurs !

Justement, et enfin, Luther accompagne à Rome, pour un voyage en 1510, un frère augustin soucieux d'obtenir un resserrement de la discipline dans leur ordre. On a souvent glosé sur le choc que la découverte d'une Rome luxueuse et corrompue aurait été pour la conscience chrétienne du jeune Luther (il n'a encore que vingt-sept ans). En fait, les historiens qui renoncent maintenant à l'apologétique comme à la polémique s'accordent pour penser que le voyage à Rome n'a pas déclenché ce que seront les prochaines protestations du futur réformateur.

Lettre à Staupitz
(Wittenberg, 30 mai 1518)

« Je me souviens, père vénéré, qu'au cours d'entretiens si agréables et si salutaires que vous eûtes avec moi, et grâce auxquels notre Seigneur Jésus-Christ m'apporta une merveilleuse consolation, le mot *poenitencia* une fois fut prononcé. Nous étions alors pleins de compassion pour ces malheureuses âmes à qui de cruels bourreaux enseignaient le chemin de la pénitence (comme ils disent) à l'aide de préceptes innombrables et insupportables. Je reçus votre parole comme une voix venant du ciel : la véritable pénitence, me dites-vous, c'est celle qui commence par l'amour de la justice et de Dieu ; et ce qu'ils considèrent comme le but et l'accomplissement de la pénitence, en est bien plutôt le commencement.

Cette parole pénétra en moi comme un trait aigu (Ps 120, 4) et je commençai aussitôt à la comparer avec les passages de l'Écriture qui traitent de la pénitence. Quelle joyeuse surprise ! Les paroles bibliques, dansant autour de moi une ronde joyeuse, s'empressaient de toutes parts pour justifier votre opinion...

Aujourd'hui, il n'y a pas de mot qui sonne plus doucement et plus agréablement à mes oreilles que ce mot *poenitencia*. Tous les commandements de Dieu sont doux, quand nous apprenons non seulement à les lire dans les livres, mais aussi dans les plaies de notre très doux Sauveur... »

Œuvres, Labor & Fides, t. VIII, p. 34.

Dans le courant de l'année 1512, sur proposition de Staupitz qui le tient donc en grande estime, Luther est nommé sous-prieur du couvent de Wittenberg. Il passe peu après son examen de licence, est promu docteur le 19 octobre et immédiatement chargé de cours bibliques. Verront ainsi le jour le commentaire sur les Psaumes, puis ceux sur les grandes Épîtres de Paul, aux Romains, aux Galates, aux Hébreux. Nous allons devoir nous y arrêter maintenant.

L'aube

(1513-1516)

Il ne s'agit pas ici du vêtement liturgique, encore qu'il ne soit pas étranger à notre histoire... mais de « cette première lueur du soleil levant qui commence à blanchir l'horizon ». Car Luther, ordonné prêtre, certes, a plus encore un ministère de lecteur et de commentateur de l'Écriture Sainte. Or il semble bien, au témoignage de Luther lui-même, que cette étude fut autant une recherche qu'un enseignement : son cheminement intérieur accompagnait la préparation de ses cours, et la clarté se fait sur la découverte qui va devenir centrale et décisive de la justification par la foi. Mais les spécialistes sont partagés sur le point de savoir si cette « illumination spirituelle » doit être située dans les années 1514 ou 1515, soit à l'époque du commentaire de l'Épître aux Romains, ou bien s'il faut dater le vrai tournant réformateur des années 1517-1518, quand la théologie de Luther s'offre au débat public et s'affirme comme telle.

On ne peut ici trancher entre les deux possibilités, encore moins entrer dans les subtilités scientifiques qui nécessitent le débat. Tout au plus fera-t-on l'hypothèse d'une évolution de Luther qui connaît des temps forts, voire des moments critiques, et des maturations plus lentes porteuses d'évolutions profondes. Luther a peut-être connu une sorte de brusque découverte, mais les témoignages sont peu sûrs et parfois légendaires. On sait seulement qu'il fera parfois et discrètement allusion à un moment précis d'illumination, le passage subit d'une intelligence théologique et spirituelle à une autre qui est son contraire : la justice de Dieu en Christ n'est pas celle qui nous attribue les peines que méritent nos fautes, mais celle qui nous déclare justes, graciés, dans la foi qui en vit : *« Justus ex fide vivit »*, « le juste vit par la foi », comme le proclame Paul aux Romains.

Cette conviction intime, et qui change complètement toute la perspective, appellera en conséquence une appréciation différente de l'état et de la mission de l'Église, notamment à propos de la vente des indulgences. Autrement dit, la découverte de Luther quant au salut qui est en Jésus-Christ va le conduire, en tant que docteur de l'Église, enseignant et prédicateur, à une réorientation théologique de sa pensée. La découverte intérieure appelle à prendre un « tournant réformateur », ce qui concerne le salut et l'Évangile ne peut être affirmé sans mettre en cause l'Église et sa pratique de l'époque. Autrement dit, avec des mots savants mais clairs, la sotériologie ou doctrine du salut ne peut être séparée de l'ecclésiologie, qui est la doctrine de l'Église : Luther est en cela vrai fils de l'Église catholique et chrétienne à laquelle la transmission et la prédication de l'Évangile ont été confiées pour toutes les générations. Mais l'Évangile demeure, cœur et sens de l'Écriture : « Pour parler des choses de Dieu, il ne nous reste que la Parole de Dieu. » La conscience chrétienne du moine Martin comme la conduite publique de l'Église romaine n'ont d'autre autorité à laquelle se soumettre, toujours et absolument, que la Parole de Dieu.

Luther va en témoigner avec l'énergie de sa neuve conviction.

L'Église va-t-elle se prêter à cette radicale remise en cause ?

L'aube, cette première lueur dans la vie d'un moine, sera-t-elle une aurore et bientôt une lumière pour l'Église ? Oui, mais en même temps un feu.

La lumière
(1516-1517)

En 1517 Luther écrit une série de prédications sur les Psaumes pénitentiaux. Les textes en sont immédiatement publiés et connaîtront plus de vingt-cinq éditions. De quoi s'agit-il donc ?

A propos du Psaume 130, où il est dit : « Mon âme est dans l'attente de Dieu, de la veille du matin jusqu'à la veille du matin suivant », Luther commente : « Si tu commences à avoir confiance en Dieu, ne cesse plus, laisse passer le soir et la nuit, et demeure dans l'attente jusqu'au matin suivant [1]... » La foi, qui pouvait être démarche pour croire, bien agir et en obtenir satisfaction, est alors abandon à la miséricorde, dans la conscience confessée de notre misère et la joie retrouvée de cette justice attribuée. Mais plutôt que d'un mécanisme religieux, ou d'un pro-

1. Le texte complet vaut la lecture. Voir *Du fond de ma détresse. Deux psaumes de pénitence*, de Martin Luther, Desclée de Brouwer, 1998, « Les Carnets DDB ».

cessus ecclésiastique d'actes de pénitence et de mérites échangés, Luther affirme, dans la grande tradition biblique et chrétienne, de saint Paul à saint Augustin, que « nous sommes sauvés par grâce, et cela ne vient pas de vous, c'est le don gratuit de Dieu en Jésus-Christ » (Éphésiens 2, 8), et « si tu cherches comment l'homme peut aimer Dieu, tu ne trouveras rien d'autre que ceci : Dieu nous a aimés le premier » (Sermon 34, de saint Augustin, sur le Psaume 149).

Mais sur ce point précis la théologie du salut remise en valeur par Luther va se heurter de front avec les pratiques religieuses encouragées par l'Église. La foi chrétienne, selon l'Évangile, a en effet une triple dimension que l'on peut ainsi formuler : Le chrétien se sait toujours pécheur, toujours juste et toujours pénitent. Mais l'originalité de Luther tient en une conception simultanée et dialectique de ces trois temps, et non dans leur succession repérable et rassurée. Il oppose la certitude que nous donne l'Évangile aux sécurités que propose l'Église. Il n'y a donc pas succession logique et enchaînement rassurant de la pénitence effectuée, et de la justice acquise, mais simultanément et toujours le péché confessé, la grâce attendue et reçue.

Comme si, la pénitence comme acte religieux prescrit et surveillé était remplacée par la conversion du cœur, mystérieuse et permanente. Pascal comprend cela, qui fait dire à Dieu : « C'est mon affaire que ta conversion. »

Mon âme est dans l'attente de Dieu
(sur le Psaume 130, v. 6)

« Cela signifie : Mon âme a sans cesse le visage tourné vers Dieu et attend fermement sa venue et son secours... Nos yeux se tournent sans cesse vers notre Dieu, jusqu'à ce qu'il ait pitié de nous.

L'Écriture divise la nuit en quatre parties, "de la veille du matin jusqu'à la veille du matin suivant", et nomment ces parties de la nuit veille ou attente, de même que les gardiens de la cité, la nuit, gardent, veillent ou attendent pour voir si quelqu'un vient ou s'en va. Chaque veille dure trois heures...

Nous laisserons de côté, à présent, une exégèse plus profonde. Il suffit de dire que d'un matin à l'autre il faut être dans l'attente de Dieu, c'est-à-dire sans cesse et sans relâche. Si Dieu entend tarder tout le jour, nous devons attendre jusqu'au lendemain. Cependant, s'il préfère la veille du matin, ou le matin, et non la veille du soir ou de minuit, la raison en est que le matin on commence tous les travaux, et qu'on les achève le soir, et qu'on se repose la nuit. Il veut donc dire : Si tu commences à avoir confiance en Dieu, ne cesse plus, laisse passer le soir et la nuit et demeure dans l'attente jusqu'au matin suivant. Car l'homme nouveau, dont l'œuvre n'est autre qu'être dans l'attente de Dieu et espérer en lui, ne doit point avoir de cesse, ainsi que le fait, et le fait nécessairement, l'homme extérieur. Et c'est là la

vie selon les trois hautes vertus théologales, à savoir la foi, l'espérance et l'amour.
C'est pourquoi dans ce petit psaume sont définis, tout entiers, de main de maître, la vie, l'œuvre et le comportement de l'homme intérieur, qui ne doivent être autre chose qu'une confiance en Dieu et un abandon total à la volonté de Dieu. »

Œuvres, Labor & Fides, t. I, p. 77.

« Toujours pécheur, toujours pénitent, toujours juste », le croyant n'a d'autre certitude que l'unique assurance de la grâce de Dieu, et ne saurait se reposer sur aucune autre sécurité, serait-elle garantie par l'Église.

Or de telles propositions constituent une véritable mise en cause de la théologie scolastique. On sait combien le Moyen Age, et ses penseurs de génie souvent, ont retrouvé Aristote et tenté de concilier cette haute philosophie avec le christianisme des Pères de l'Église. La pensée grecque s'oppose en bien des points à la révélation chrétienne et Luther ne manque pas, par des thèses rédigées en 1517, de critiquer l'éthique d'Aristote avec la dernière énergie : elle est « ennemie de la grâce » car l'homme n'est pas naturellement capable de Dieu et de faire le bien, la grâce n'ajoute pas à une nature encore valable, mais au contraire elle sauve en condamnant et rend capable en déclarant incapable de

Dieu l'homme perdu loin de Lui. Et Luther conclut l'ensemble de ces 95 thèses de la dispute contre la théologie scolastique en affirmant avec sérénité, étymologiquement en toute bonne foi :

« Dans ces articles, nous ne voulons rien dire et nous croyons n'avoir rien dit qui ne soit conforme à l'enseignement de l'Église catholique et des docteurs de l'Église. »

Une autre controverse, en 1518, est organisée à Heidelberg et Luther peut y préciser et affiner ses affirmations. Il a développé en particulier une « théologie de la croix », selon l'affirmation qui argumente ainsi :

« Parce que les hommes ont abusé de la connaissance de Dieu tirée de ses œuvres, Dieu a voulu au contraire être connu par ses souffrances... de telle sorte qu'il n'est pas suffisant ni profitable à personne de connaître Dieu dans sa gloire et sa majesté s'il ne le connaît pas aussi dans l'humilité et l'ignominie de la croix. »

Telle est la croix de lumière, et les contemporains, puis les héritiers de Luther, feront toujours référence à la croix, de la célèbre crucifixion de Grünewald dans le retable d'Issenheim aux Passions bouleversées de Jean-Sébastien Bach.

Cependant, cette théologie de la souffrance et de la croix ne conduit pas, du moins Luther lui-même, à une piété doloriste et à un christianisme triste. Les lettres du réformateur, ses propos recueillis à table, le témoignage de ses proches et de ses amis nous montrent, au contraire, un homme libéré et heureux, rayonnant de conviction et savoureux dans ses mouvements d'humeur et ses traits d'esprit et de plume.

Que l'humilité chrétienne dégénère chez d'autres en humiliation religieuse, que la liberté évangélique se détourne parfois dans des écarts incontrôlés, mais que la Parole de Dieu enflamme le discours de ses témoins et que l'Évangile lui-même entre en procès avec l'Église, voilà ce que Luther ne peut empêcher ni prévoir. Après les jours de son enfance, la nuit de sa jeunesse, l'aube de son ministère et la lumière de la foi, un autre temps s'annonce. On parle habituellement du « conflit avec l'Église traditionnelle », ou de « l'affaire des indulgences », ou du « drame » : je dis tout simplement « le feu » qui éclaire, qui purifie, qui brûle. Les livres, sinon les hommes qui les ont écrits ou qui vont les lire.

Le feu

(1517-1520)

Ce sont les années décisives pour Luther, pour l'Église et sa réforme, pour la chrétienté en Occident. Avec le recul des siècles, nous parlons donc de drame et de schisme, et on discute des responsabilités respectives des différents partenaires de cette lutte. Sans vouloir faire *a priori* l'apologie de Luther ou le procès de Rome, on peut noter les termes qu'employait le moine augustin au commencement de la crise, alors qu'il espérait encore qu'il serait entendu. Il écrit le 11 novembre 1517, quelques jours après l'affichage de ses 95 thèses et leur envoi à Johannes Lang, « moine augustin à Erfurt et frère en Christ » :

« Ce que je fais doit être fait non d'après le conseil des hommes, mais d'après le conseil de Dieu. Car si l'œuvre vient de Dieu, qui l'interdira ? Et si elle ne vient pas de Dieu, qui pourra la faire triompher ? »

Sur le même ton, il écrit à l'évêque de Brandebourg, en février 1518 :

« Je sais que Christ n'a pas besoin de moi ; et il fera connaître sans moi ce qui convient à son Église. Si l'œuvre elle-même n'est pas sienne, elle ne doit pas non plus être mienne, ni être l'œuvre de personne. »

A son père spirituel Staupitz, encore, en mars de la même année :

« Si Dieu est à l'œuvre, nul ne peut arrêter son action. S'il se repose, nul ne peut la susciter. »

Mais de quoi s'agit-il ? Campons le décor et quelques personnages. Car il y a comme un malheureux enchaînement de circonstances et des coïncidences inattendues qui rendront difficile l'issue souhaitée sans doute par plusieurs des partenaires et adversaires de cette affaire.

L'empereur Charles Quint est élu le 28 juin 1519, après la mort de Maximilien. Mais en fait il se partage avec le pape le bien des sujets, sur la terre comme au ciel, prenant soin en passant de ne pas maltraiter les grands de ce monde.

Léon X, « le pape de Luther », de 1513 à 1521, fils de Laurent le Magnifique, né à Florence, homme de cour et de lettres, protecteur des artistes auxquels il commande, à Raphaël les travaux du Vatican, à Michel-Ange le tombeau des Médicis, ce pape a besoin d'argent. En 1514 il avait renouvelé les indulgences concédées par

Jules II, son prédécesseur, pour financer la reconstruction de Saint-Pierre de Rome.

Albert de Hohenzollern, à vingt-quatre ans, est élu en 1513 archevêque de Magdebourg, puis, un malheur n'arrivant jamais seul, archevêque de Mayence un an après, et le voici électeur, chancelier d'Empire, président du collège électoral et primat de Germanie. On ne craint déjà pas le cumul des mandats, mais leur exercice efficace coûte très cher. Que faire ? L'emprunt à un richissime banquier ne suffit pas. Que le pape autorise donc son archevêque encombré d'honneurs, mais sans fortune suffisante, à faire prêcher des indulgences dans ses diocèses (il est administrateur d'un troisième, celui de Halberstadt).

La procédure ecclésiastique, le procédé économique et le processus financier ne sont pas nouveaux : en 1343, par une bulle dite *Unigenitus Dei Filius*, le pape Clément VI avait mis au point un système avantageux pour tout le monde. En effet, selon sa conception du ciel comme boutique mystique, le trésor des saints, des mérites du Christ essentiellement, pouvait être distribué et monnayé par les successeurs des Apôtres, et sous le contrôle filial et fiscal du premier d'entre eux. Il était ainsi possible de remettre, avec l'accord du pape de Rome, « tantôt partiellement, tantôt totalement la peine temporelle due au péché ». Mais ceci mérite une explication, qui atténue un peu le scandale sans en rien le justifier.

En effet, parmi les moyens de grâce dont dispose la sainte Église figure en bonne place le sacrement de pénitence. Le problème de l'absolution des péchés et de l'état de grâce a toujours été aigu dans l'Église, puisqu'il fallait bien répondre à la question : comment rester chrétien après le baptême et comment le devenir avant la communion ? Deux solutions extrêmes étaient généralement écartées, soit différer le baptême à l'article de la mort, ou du moins à la fin de la vie quand les chances de commettre de gros péchés sont, dit-on, moindres ; soit être privé de l'eucharistie sans être forcément « excommunié ».

Aussi, la seule possibilité restante était-elle celle d'un sacrement intermédiaire et renouvelable en permanence : celui de pénitence faisait l'affaire. Et il se décomposait, d'après les théologiens subtils et les praticiens de la pastorale, en quatre parties ou quatre temps dont chacun demandait un traitement spécial, même si l'opération sacramentelle constituait un tout perçu comme tel par les fidèles. Ceux-ci devaient d'abord faire acte de contrition regretter profondément le mal commis ; puis il fallait le reconnaître, en faire l'aveu au confesseur, le sortir de soi pour le confier à un autre, représentant en l'occurrence le Christ ; le prêtre, ainsi, pouvait donner l'absolution et certifier le pardon du péché, acquis par les mérites du Christ ; le pénitent, enfin, qui avait regretté, avoué et été absous devait réparer la faute, compenser le mal commis et pardonné, dédommager les victimes et témoigner par là même de l'authenticité de sa pénitence.

Tel est le schéma scolaire et scolastique de ce moteur à quatre temps que faisait fonctionner l'Église depuis longtemps, pour assurer la vie éternelle des fidèles et accessoirement l'existence terrestre du clergé. Car s'il y avait du calcul florentin dans les organisateurs des mystères, il y avait une attente authentique et une question évangélique originelle chez les patients de l'Église et impatients du paradis : « Seigneur, que faut-il que je fasse pour être sauvé ? »

Alors, les vendeurs d'indulgences proposaient au pauvre peuple de payer pour la réparation — on pouvait réparer par des prières, Ave Maria et Pater noster en quantité calculée et en nombres croisés, on pouvait réparer par des pèlerinages, des processions, voire des croisades — mais on pouvait aussi, par privilège que le pape décrétait, rembourser en acquittant un péage, tarifé, et qui marchait pour les vivants, et plus encore pour les défunts. Étaient nécessaires, difficiles et gratuits les trois premiers mouvements, *contritio*, *confessio* et *absolutio*, le quatrième, dit *reparatio* qui sanctionnait les trois autres et qui coûtait évidemment quelque chose. Et c'est là que se situe l'affaire des indulgences.

Il fallait de l'argent à l'archevêque pour ses diocèses, à Rome pour ses frontons, qu'à cela ne tienne, on autorisait une opération, sous réserve de l'accord de chaque prince concerné (ce pourquoi il n'y aura pas de vente d'indulgences à Wittenberg même, par refus de l'Électeur).

Les prédicateurs vont de ville en village, le plus connu d'entre eux, en 1517, étant ce dominicain nommé Tetzel, marchant ambulant, interdit d'accès sur les territoires de Frédéric le Sage, lequel avait son propre trésor de reliques et de pèlerinages à exploiter sans concurrence romaine !

On cite volontiers la chansonnette rassurante du négociant des grâces éternelles qui rencontrait un grand succès auprès des foules. Le tarif était variable, car si la justice de Dieu est gratuite, celle des hommes, payante, n'est pas injuste : selon le rang social et la fortune, il en coûtait d'un demi-florin pour les clochards à vingt-cinq florins d'or pour les richards ! Véritable monnaie internationale, le florin, cette monnaie européenne avant l'heure, valait quelques centaines de nos francs dits « lourds » et français de 1997.

Cette affaire ne fut que le détonateur, et en effet la vente des indulgences, pour grave et inadmissible qu'elle fût, était révélatrice de tout un contexte que Luther et d'autres allaient être amenés à discuter avec énergie.

D'abord, le pouvoir personnel et arbitraire du pape de décider, autoriser, légaliser la vente des indulgences, selon ses besoins et ceux des princes de l'Église.

Ensuite, les subtilités du mécanisme de la pénitence qui ne pouvaient que tromper les fidèles, forcément crédules et bon public quand ils entendaient la ritournelle du moine vendeur :

« Sitôt que dans le tronc l'argent résonne,
Du purgatoire brûlant l'âme s'envole. »

Enfin, et là est bien l'essentiel, déterminant et décisif pour Luther qui en écrit avec respect mais fermeté à son archevêque, Albert de Mayence, le 31 octobre 1517 :

« Les indulgences papales sont colportées dans votre pays sous le nom de Votre Grandeur, pour la construction de Saint-Pierre... Je déplore les fausses idées que le peuple en retire et que ces prédicateurs vont répandre partout... Et pourtant, l'office principal des évêques, c'est de veiller à ce que le peuple apprenne l'Évangile et l'amour du Christ... »

Déjà, en 1516, Luther avait traité des indulgences dans un sermon conservé sous ce nom : il insistait sur la vraie repentance, non pas la pénitence et la sécurité qu'elle dispense, mais la conversion, au sens évangélique fort de retournement, changement d'esprit, transformation du cœur, la pénitence comme mouvement du cœur avec l'unique assurance de la grâce en Jésus-Christ.

Et cette conviction chrétienne élémentaire est tellement à l'opposé de la pratique renouvelée des indulgences que Luther ne peut plus se taire ; il lui faut prendre la parole avec plus de force et mettre immédiatement cette grave affaire en discussion publique.

La méthode était courante dans l'université médiévale, on proposait des thèses à la discussion, comme nous avons vu que Luther le fera en 1517 déjà dans une dispute contre la théologie scolastique, et plus encore dans une controverse organisée par l'ordre des Augustins, à Heidelberg, en 1518 ; et déjà le moine réformateur a la conviction que posant de telles questions il ne se situe pas en critique extérieur et démolisseur de l'Église, mais en pasteur vigilant sur le bon dépôt, croyant n'avoir rien dit de contraire à l'enseignement de l'Écriture et à la tradition de l'Église. Ce point très important pour l'évaluation actuelle de la Réforme demande à être souligné et rappelé.

Dans le même esprit et dans le courant de l'année 1517, il prépare puis rédige des thèses qui vont être soumises à l'avis de tous. Selon le privilège des docteurs en théologie, Luther affiche à la porte de l'église du château de Wittenberg le texte en latin de 95 thèses. Et Georges Casalis a observé très subtilement à propos de l'acte de Luther, ce jour-là et selon ces modalités que « rien n'est plus loin de sa pensée qu'une rupture avec Rome : en choisissant la veille de la Toussaint, ce n'est pas seulement Tetzel que vise Luther, mais surtout Frédéric le Sage et son musée de reliques ; la langue, ce n'est pas un appel au peuple, mais une invitation aux clercs, aux théologiens, aux universitaires à prendre leurs responsabilités ; le lieu, enfin, c'est dans l'Église et pour elle que Luther entend déclencher la discussion. Rien de subversif dans ce geste... »

Sans doute, mais le contenu, fût-il en latin, est explosif. On ne peut tout citer, mais les propositions ci-jointes, extraites et traduites de l'original, en donnent bien la substance et la pointe. On notera cependant, ne serait-ce que pour récuser l'image d'un Luther de vitrail, que ce qui est contesté est un prétendu pouvoir du pape : « Il ne peut remettre aucune faute, si ce n'est en la déclarant remise par Dieu » (thèse 6). Autrement dit, le propos concerne l'équivoque de la méthode autorisée et affirme en conséquence l'absolue gratuité du pardon de Dieu et la conversion intérieure nécessaire, ce que le pape devrait normalement rappeler et annoncer sans cesse et exclusivement à l'Église.

L'année 1517 est en même temps pour la papauté celle de plusieurs menaces et difficultés qui vont concourir à un réflexe de défense et à des mesures de rétorsion, à l'exclusion d'un dia-

Les 95 thèses

(31 octobre 1517. Extraits)

1. En disant : Faites pénitence, Notre Seigneur et Maître a voulu que la vie entière des fidèles fût une pénitence.

2. Cette parole ne peut s'entendre du sacrement de pénitence, tel qu'il est administré par le prêtre, c'est-à-dire de la confession et de la satisfaction...

21. Les prédicateurs de l'indulgence sont dans l'erreur quand ils disent que les indulgences du pape délivrent l'homme de toutes les peines et le sauvent. [...]

27. Ils prêchent des inventions humaines, ceux qui prétendent qu'aussitôt que l'argent résonne dans leur caisse, l'âme s'envole du purgatoire. [...]

36. Tout vrai chrétien vraiment contrit a droit à la rémission plénière de la peine du péché, même sans lettres d'indulgence. [...]

43. Il faut enseigner aux chrétiens que celui qui donne aux pauvres ou prête aux nécessiteux, fait mieux que s'il achetait des indulgences. [...]

50. Il faut enseigner aux chrétiens que, si le pape connaissait les exactions des prédicateurs d'indulgences, il préférerait voir la basilique de Saint-Pierre réduite en cendres plutôt que de la savoir édifiée avec la peau, la chair et les os de ses brebis.

62. Le véritable trésor de l'Église est le très

saint Évangile de la gloire et de la grâce de Dieu. [...]

65. Les trésors de l'Évangile sont des filets au moyen desquels on pêchait jadis des hommes adonné à l'argent.

66. Les trésors des indulgences sont des filets avec lesquels on pêche maintenant les richesses des hommes.

67. Les indulgences, dont les prédicateurs prônent à grands cris les mérites, n'en n'ont qu'un, celui de rapporter de l'argent.

68. En réalité, elles ne sont rien, comparées à la grâce de Dieu et à la piété de la croix. [...]

92. Qu'ils disparaissent donc tous ces prophètes qui disent au peuple du Christ : « Paix, paix », et il n'y a point de paix (Ézéchiel 13, 10, 16).

93. Bienvenus, au contraire, les prophètes qui disent au peuple du Christ : « Croix, croix », et ce n'est pas une croix !

94. Il faut exhorter les chrétiens à s'appliquer à suivre leur chef, Christ, à travers les peines, la mort, l'enfer,

95. et à entrer au ciel par beaucoup de tribulations plutôt que de se reposer sur la sécurité d'une fausse paix.

logue salutaire que les initiateurs du débat croyaient possible.

Contre Rome se profilent et se précisent les avancées du sultan de Constantinople, contre les indulgences, les thèses de Luther dont se sont emparés les imprimeurs, pour les traduire et les diffuser largement. L'opinion publique prend le parti de Luther contre le pape que les prochaines polémiques traiteront « d'antéchrist ».

Une discussion universitaire est devenue une campagne populaire.

La querelle de moines s'est transformée en controverse européenne.

Et la lampe allumée par Luther dans la maison met le feu à la ville.

C'est l'incendie. Le mot n'est pas de trop.

Luther avait écrit en mai 1517 à son collègue et disciple Johannes Lang que « le soleil d'Aristote décline à l'horizon et disparaîtra peut-être pour toujours ».

Songe-t-il par reflet intérieur à cette parole du Christ (Luc 12, 49) : « C'est un feu que je suis venu allumer sur la terre, et comme je voudrais qu'il soit déjà allumé ? »

Il y a en tous cas des petits feux qui vont s'allumer.

Au même Johannes Lang, mais en mars 1518, Luther raconte :

> « Nos étudiants ont mené cette affaire, par dégoût des vieilles études sophistiques, par amour de la sainte Bible et peut-être aussi par sympathie pour moi... Ayant appris l'arrivée à Wittenberg de contre-thèses envoyées par Tetzel, ils invitèrent tous ceux qui voulaient assister à l'incinération et aux funérailles de ces thèses de se trouver sur la place du marché à deux heures ; et là, ils

brûlèrent à peu près tout ce qui restait, soit environ 800 exemplaires... Assurément, ajoute Luther, je blâme et nous blâmons tous la grave injustice que nos étudiants ont commise envers cet homme... »

Dans une autre lettre, Luther se défendra d'avoir « été l'auteur de l'incinération des thèses de Tetzel ».

Deux ans, plus tard, c'est Luther qui brûlera publiquement le 10 décembre 1520 la bulle du pape le condamnant.

Que s'est-il donc passé dans les murs de l'Église craquelés par le feu ?

Car les relations sont réelles entre les différentes provinces de l'Empire et les princes de l'Église ; les marchandises, les idées, les personnages voyagent beaucoup. Mais les débats prennent du temps : entre l'affichage des 95 thèses de Luther et la bulle du pape le condamnant en juillet 1520 trois années ont passé. Ce sont ces échanges et débats qu'il nous faut maintenant parcourir, d'autant qu'ils vont progressivement se changer en combats.

En décembre 1517, les thèses contre les indulgences traduites et diffusées exigeant une mise en garde officielle, l'archevêque de Mayence les a envoyées à Rome : moins pour information, sans doute, que pour suggérer l'ouverture d'un procès. A Rome, on se hâte lentement, avec crainte ou par prudence. En juin 1518 paraît, aux bons soins de la curie, un mémoire intitulé

Dialogue sur les affirmations téméraires de Luther relatives au pouvoir du pape. Luther a vite compris et réplique que, l'Écriture étant seule infaillible, « le pape aussi bien que le concile peuvent errer ».

Les éléments sont réunis pour une inculpation, mais celui qui est soupçonné d'hérésie refuse de se rendre à Rome où sont peut-être à l'affût quelques dominicains acharnés contre lui. Par gain de paix et pour ne pas contrarier le prince électeur de Saxe, Frédéric le Sage, protecteur de Luther, il est admis que le dialogue sera organisé en Allemagne et à la diligence du cardinal Cajetan, précisément général de l'ordre des dominicains et légat du pape Léon X.

Ce dernier, par un « bref papal », a donné à son légat l'ordre de se faire livrer Luther et de menacer d'excommunication ses partisans entêtés. « Il me semble incroyable, écrit Luther à Spalatin le 31 octobre, qu'un document aussi monstrueux puisse émaner d'un pape, et en particulier de Léon X. » L'audition avait eu lieu au début du mois et Cajetan, thomiste féru, maintenait que le pape pouvait libérer non seulement des « peines canoniques », imposées par l'Église, mais aussi des « peines divines » exigées par la justice céleste. Luther refusa de se rétracter, l'opposition portant aussi sur l'usage légitime et salutaire du sacrement de pénitence. Et poursuivant son combat avec toutes les possibilités de la procédure, il décida « d'en appeler du pape mal informé au pape mieux informé » puis de demander la convocation d'un concile : au-dessus du pape, celui-ci pouvait trancher sur une question essentielle de foi et de vie des chrétiens. Il avait lui-même contribué à clarifier et confirmer ses positions en publiant un compte rendu de la discussion avec Cajetan, ce dont il dit, toujours à son collègue et ami Spalatin, dans une lettre du 25 novembre 1518 :

« Mes *Acta* sont à l'impression. A part cela, j'attends chaque jour une condamnation venue de Rome. C'est pourquoi je prends mes dispositions et je mets tout en ordre afin que, lorsqu'elle viendra, je sois prêt à partir comme Abraham, sans savoir où j'irai, mais ferme dans ma certitude, car Dieu est partout. »

Et au même, une semaine plus tard : « Je suis entre les mains de Dieu et de mes amis. »

La confiance ne faiblit pas et le ton monte puisqu'en cette fin d'année 1518 Luther se demande, explicitement pour la première fois, si le pape de Rome ne serait pas l'Antéchrist et la menace turque un juste châtiment.

Mais l'empereur Maximilien meurt en janvier 1519 et l'élection de son successeur, le futur Charles Quint, qui demande six mois, va tellement occuper les gens de Rome que le procès de Luther va s'assoupir jusqu'à l'automne, sauf en Allemagne même.

Car un théologien, vice-chancelier d'université à Ingoldstadt, Jean Eck va prendre le relais, ou plutôt s'en prendre aux idées de Luther en attaquant un de ses collègues, également professeur à l'université de Wittenberg, Carlstadt. En juin et juillet, au terme d'une dispute organisée à Leipzig, la conclusion apportée finalement par Luther lui-même, après de longs débats entre Carlstadt et Eck, oppose l'Écriture à l'Église, papes et conciles pouvant se tromper, alors que seul est infaillible « le ministère de l'Évangile ».

Les choses sont devenues très sérieuses et lourdes de menaces pour une institution séculaire qui a progressivement assis son propre pouvoir et ce sont les facultés de théologie qui vont se jeter dans la discussion, celle de Cologne en août, puis celle de Louvain en novembre : ici et là propositions et thèses, assertions et réfutations précisent les termes du différend ; les universitaires concentrent leur critique sur les points les plus en rapport avec la doctrine du salut, le péché originel et la justification par la foi, alors que les ecclésiastiques, qui reviennent à l'assaut, sont plus soucieux de ce qui concerne l'exercice de l'autorité et le magistère spirituel.

Le nouvel empereur à peine élu, Rome remet en route la machinerie des « commissions » chargées de préparer d'autres coupe-feu d'autant plus nécessaires que pendant la trêve judiciaire de l'année les idées de Luther se sont répandues presque partout. En janvier 1520 « les pompiers de la curie » sont mobilisés, sur pied de guerre. Il va maintenant falloir faire vite.

La commission théologique romaine présidée par Cajetan prépare et va proposer une « bulle » contre les erreurs de Luther. La bulle, faut-il le préciser à l'aide d'une définition donnée par le *Dictionnaire de la foi chrétienne (sic)*, est cette « petite boule de métal marquée au chiffre du pape et servant de sceau aux documents pontificaux les plus importants ». Rédigée en hiver, soumise au pape et signée par lui le 15 juin 1520, ladite bulle *Exsurge Domine* est affichée en juillet en l'église Saint-Pierre-de-Rome mais ne parviendra à Wittenberg qu'en octobre ! Mystère, car il y a urgence puisque Luther doit se rétracter dans les soixante jours, sinon il sera excommunié. Charles Quint, avisé, fait brûler publiquement à Louvain les œuvres de Luther. L'Église et l'Empire font corps. On se rassemble en une sorte de front commun, sous l'étendard plutôt usurpé que justificatif du Psaume 74 : « Lève-toi, ô Dieu, défends ta cause » (v. 22).

La condamnation romaine de Luther, rapidement diffusée dans l'Empire par la diligence récompensée de Jean Eck, crée un immense émoi, d'abord chez Érasme et dans son entourage humaniste : la révolte gronde et qui sait si l'Allemagne ne va pas se soulever contre le décret qui non seulement semble injuste mais encore atteint une certaine liberté de pensée ?

Luther est habité de sentiments contradictoires, de douleur et de colère d'une part, mais aussi de confiance et de sérénité. Ses lettres de l'été donnent le ton, à Spalatin le 17 juillet : « Ce qu'il nous faut, ce n'est ni de la diplomatie, ni des armes, mais de rester forts par la foi, car alors Christ sera pour nous. Nous sommes perdus si nous nous confions à nos propres forces. Il faut que nous souffrions pour la Parole. » Et au même ami, après avoir reçu la bulle qui le menace d'excommunication, il écrit le 11 octobre 1520 : « Maintenant, je suis certain que le Pape est l'Antéchrist. »

Mais dans le même temps Luther a rédigé avec une rapidité foudroyante et dans une lucidité excitée par l'urgence quelques « écrits réformateurs » sur lesquels nous reviendrons. Après l'*Appel à la noblesse chrétienne de la nation allemande*, et le *Prélude sur la captivité babylonienne de l'Église*, le traité *De la liberté chrétienne* est envoyé spécialement à Léon X, précédé d'une lettre qu'on ne saurait trop citer. Le moine augustin rebelle et menacé reconnaît qu'il a « attaqué avec une grande vivacité des doctrines impies », mais non des personnes, et moins encore le pape lui-même car « vous êtes là, ô Léon, comme un agneau au milieu des loups, comme Daniel dans la fosse aux lions... seul, que pouvez-vous contre ces monstres ? J'ai cru mériter votre reconnaissance en battant en brèche votre prison, ou plutôt votre enfer... Je viens donc à vous, ô Saint-Père... ».

Luther n'a donc pas définitivement rompu avec Rome et le pape, même s'il a déjà de

Lettre à Léon X

(Wittenberg, 6 septembre 1520)

[...] « Je viens donc à vous, ô Saint-Père, et prosterné à vos pieds, je vous prie, si c'est possible, de mettre un frein à ces flatteurs ennemis de la paix, qui simulent des sentiments qu'ils n'ont pas.

Personne, à moins de vouloir aggraver cette affaire, ne peut exiger de moi une simple rétractation. Je ne puis non plus permettre qu'on impose une manière d'interpréter la Parole de Dieu ; car il faut que la Parole, cette source de toutes les libertés, soit libre elle-même...

O Léon, mon Père, n'écoutez pas ces sirènes qui vous disent que vous n'êtes pas un homme, mais quelque chose de semblable à un Dieu.

Non, vous êtes le serviteur des serviteurs.

Ne vous laissez pas abuser par ceux qui font de vous le maître du monde, qui refusent le nom de chrétien à tout ce qui ne plie pas sous votre autorité, qui étendent votre puissance sur le ciel, le purgatoire et l'enfer...

Ils errent, ceux qui vous élèvent au-dessus des conciles et de l'Église universelle.

Ils errent, ceux qui vous attribuent, à vous seul, le droit d'interpréter les Écritures. [...]

Ne croyez pas ceux qui vous exaltent ; croyez ceux qui vous humilient. Voyez quel abîme entre le Christ et ses successeurs... »

Henri Strohl, *La substance de l'Évangile selon Luther*, La Cause, 1934, p. 58-59.

terribles pressentiments. Et sans entrer déjà dans un débat qui tendrait à répartir les responsabilités du prochain schisme de la chrétienté, on peut au moins noter que la noble politesse — et filiale — de Luther, enrobant un message évangélique d'une radicale exigence, ne pouvait trouver l'oreille de ce pape tel qu'il était, ni neutraliser « le poison de la curie romaine… qui hait les conciles et a peur des réformes ».

Le feu continue tant et si bien de se répandre, même si ici ou là on cherche à jeter quelques seaux d'eau sous forme d'appel à un concile, et s'il y a risque de voir l'Allemagne, sinon tout l'Empire, s'embraser complètement, le feu atteint l'expression la plus symbolique du système de défense mis en place par le pape.

Devant les portes de la ville de Wittenberg, Luther brûle solennellement et en public la bulle *Exsurge Domine*. Nous sommes le 10 décembre 1520, soit un peu plus de trois ans après l'affichage des 95 thèses sur les portes de la chapelle.

Une gravure sur bois, éditée à Strasbourg en 1557, représente, avec une candeur de bande dessinée, le moine tenant un livre ouvert qu'il va jeter dans le feu. On a simplifié pour frapper l'imagination populaire et donner un coup de pouce à quelque apologie ultérieure.

La réalité spirituelle et matérielle de cet autodafé fut tout autre, si on croit la lettre de Luther à Spalatin, datée du jour même, et qui ne nous épargne ni les détails, ni la polémique :

« Salut et bénédiction en Christ ! En l'an 1520, le 10 décembre, à la neuvième heure, ont été brûlés à Wittenberg, devant la porte de l'Elster, près de l'église Sainte-Croix, tous les livres du pape : le *Décret* (soit le sommaire du droit canonique), les *Décrétales*, le *Sextus*, les *Clémentines*, les *Extravagantes* et la récente bulle de Léon X, ainsi que la *Summa angelica*, le *Chrysopassus* d'Eck, et d'autres œuvres du même auteur, des livres d'Emser, et quelques autres ouvrages que d'autres ont apportés, afin de montrer aux incendiaires papistes qu'il ne faut pas beaucoup d'effort pour brûler les livres qu'ils ne peuvent réfuter. Voilà ce qu'il y a de nouveau ici… »

Les murs
(1521)

Trois enfermements

En août 1520 Luther avait rédigé puis publié le premier des grands écrits réformateurs, l'*Appel à la noblesse chrétienne de la nation allemande*, qui sera suivi du traité de *La captivité babylonienne de l'Église* et du manifeste sur *La liberté du chrétien*, accompagné, on l'a vu, d'une lettre déférente et encore confiante au pape Léon X.

Dans l'*Appel à la noblesse chrétienne*, le réformateur porte sur l'état de l'Église un diagnostic très sévère en même temps qu'il entrevoit les éléments qui structureront le protestantisme à venir.

L'ouvrage, assez substantiel puisque de près de deux cents de nos pages actuelles, est signé dans le monastère de Wittenberg, « au soir de la fête de saint Jean Baptiste. En l'an mil cinq cent vingt », et il est adressé d'abord « A Sa Sérénissime et Toute-Puissante Majesté l'Empereur... ».

Indice précieux, le moine augustin ne s'adresse pas à ses supérieurs religieux ou à ses collègues théologiens, mais à l'empereur lui-même : bien que les pouvoirs ne soient pas séparés, c'est une manière de confier le débat important à la société globale, et pas seulement à la hiérarchie ecclésiastique. Peut-être Luther espère-t-il aussi être mieux entendu et même un peu mieux protégé.

« Les romanistes, avec une grande adresse, se sont entourés de trois murailles grâce à quoi ils se sont jusqu'ici défendus et ils ont empêché que quiconque puisse les réformer, si bien que la chrétienté tout entière a de ce fait atteint un état d'effroyable décadence. »

Selon les spécialistes les mieux informés, tel Marc Lienhard, « Luther parle assez peu de réformation, le terme n'apparaît guère plus de cinq fois avant 1520. [...] Il ne se considère pas lui-même comme un réformateur, du moins pas avant 1528, et dans de rares passages... » Observation importante pour notre évaluation contemporaine et œcuménique des origines des Églises de la Réforme.

Trois murs entourent donc l'Église romaine.

D'abord la distinction entre ce que Luther nomme « l'état ecclésiastique » et le peuple chrétien, nous dirions entre le clergé et les laïcs. Les fondements bibliques du sacerdoce universel des baptisés sont rappelés, en particulier 1 Pierre 2, 9 : « Vous êtes le peuple que Dieu s'est acquis », Apocalypse 5, 10 : « Il a fait de nous un royaume de prêtres », et les textes de saint Paul aux Romains (12, 4) et aux Corinthiens (première épître, 12, 12) sur la diversité des ministères : fonctions servantes et non différences essentielles. Il n'y a donc pas de classe sacerdotale, ayant un caractère sacré et indélébile. Pour tout dire : « Le Christ n'a pas deux corps ni deux espèces de corps, l'un laïque et l'autre ecclésiastique. Il est une tête et il a un corps. » Et en conséquence les autorités temporelles seront considérées comme instituées par Dieu au même titre que les fonctions ecclésiastiques, les unes avec le pouvoir de réprimande, les autres avec le devoir de prédication, sans hiérarchie de valeur.

Dans cette perspective, écrit Luther, « j'estime que ce premier mur de papier s'est effondré ».

La « seconde muraille des romanistes » tient l'Écriture enclose dans l'interprétation invariable et infaillible qu'ils prétendent en donner. Les textes bibliques eux-mêmes sont invoqués à l'appui de « l'autorité de la Parole de Dieu » (1 Corinthiens 4, 30), de « l'enseignement donné à tous » (Jean 6, 45) et de la prière du Christ pour ses disciples, Pierre, certes (Luc 22, 32) mais aussi tous les autres selon Jean (17, 9-20). Tout chrétien est donc responsable de la transmission de l'Évangile au point que « si Dieu a parlé par l'organe de l'ânesse contre le prophète

(Nombres 22, 28), pourquoi ne pourrait-il pas encore parler par l'organe d'un homme pieux contre le pape ? ».

« Le troisième mur tombe de lui-même si les deux premiers tombent », enchaîne l'auteur de l'*Appel à la noblesse chrétienne*. Cette dernière muraille, pourrait-on dire, est la plus centrale et la plus haute, munie d'un donjon, « cette tour principale qui dominait le château fort et formait le dernier retranchement de la garnison », selon la définition involontairement ecclésiastique du « Petit Robert » ! Or le service du pape n'est pas de dominer pour trancher, mais de rassembler pour décider, c'est-à-dire de réunir et consulter puis confirmer le concile. Plus encore, écrit Luther, « quand la nécessité l'impose et que le pape est une cause de scandale pour la chrétienté, le premier qui se trouve capable de le faire doit, en tant que membre fidèle de tout le corps, travailler à la réunion d'un véritable concile libre » (en allemand : *ein recht frey Concilium*). Et le premier capable est aussi bien l'empereur, si le danger l'exige, comme le pense sans doute Luther.

Luther ayant brûlé publiquement la bulle qui le condamnait et le sommait de se soumettre, il est, le 3 janvier 1521, l'objet d'une autre bulle, dite *Decet romanum pontificum*, qui prononce sans appel son excommunication et celle de ses partisans. Et ainsi que l'exige encore le régime politique, c'est à l'empereur d'exécuter la sen-

Sur le sacerdoce universel des baptisés

« Le Christ n'a pas deux corps, ni deux espèces de corps, l'un laïque et l'autre ecclésiastique. Il est une tête et a un corps.

De même, ceux que maintenant on nomme ecclésiastiques ou prêtres, évêques ou papes, ne se distinguent par aucun signe particulier ni aucune dignité spéciale, si ce n'est qu'ils doivent administrer la parole et les sacrements de Dieu — c'est là leur tâche et leur fonction —, de même l'autorité temporelle tient en sa main le glaive et les verges qui lui servent à punir les méchants et à protéger les bons. Un savetier, un forgeron, un paysan ont chacun la tâche et la fonction de leur métier et pourtant tous sont également consacrés prêtres ou évêques, et chacun doit, en remplissant sa tâche ou sa fonction se rendre utile et secourable afin que, de la sorte, ces tâches multiples concourent à un but commun, pour le plus grand bien de l'âme et du corps, tout comme les membres du corps se rendent mutuellement service. »

A la noblesse chrétienne de la nation allemande, août 1518.
In *Les grands écrits réformateurs*, Aubier, 1944, p. 87-89.

tence : il sera mis au ban de l'Empire, c'est-à-dire selon l'ancienne constitution germanique, déchu de ses droits et privilèges. Autrement dit, il n'est même plus au bénéfice de la protection garantie aux sujets de l'empereur. Sa vie physique est en danger, au risque des premiers fanatiques venus.

Aussi le prince électeur de Saxe, l'ami et protecteur Frédéric le Sage refuse-t-il d'entériner la sentence papale et son exécution impériale. Il obtient pour Luther le droit et la dernière chance de faire entendre son point de vue en toute liberté et en pleine sécurité : la liberté lui est offerte par comparution en séance solennelle de la Diète réunie à Worms, sa sécurité est assurée par la délivrance d'un sauf-conduit, qui autorise sans danger la traversée du territoire.

Luther part donc de Wittenberg, le 2 avril 1521. Parcourant quelque cinq cents kilomètres à travers la Thuringe puis la Hesse, il est acclamé de ville en ville par un peuple exalté qui le compare à Jean Hus se rendant au concile de Constance. Le voyageur prêche, écrit : « J'irai à Worms dût-il y avoir autant de diables que de tuiles sur les toits... On a pu brûler Jean Hus, on n'a pas pu brûler la Vérité... »

Le 16 avril, Luther arrive à Worms. Le 17, on va lui demander, une fois encore, d'abjurer. Le lendemain il donne sa réponse, avec ces paroles historiques qu'on ne peut pas ne pas citer intégralement :

« A moins d'être convaincu par le témoignage de l'Écriture et par des raisons évidentes — car je ne crois ni à l'infaillibilité du pape, ni à celle des conciles, puisqu'il est établi qu'ils se sont souvent trompés et contredits — je suis lié par les textes bibliques que j'ai cités. Tant que ma conscience est captive de la Parole de Dieu, je ne puis ni ne veux rien rétracter, car il n'est ni sûr, ni salutaire d'agir contre sa conscience. Que Dieu me soit en aide ! »

On insiste. Il persiste : « Je ne puis autrement, me voici. »

On insiste encore : « Frère Martin, abandonne ta conscience... »

Un tumulte accompagne sa sortie victorieuse : « J'ai traversé la fournaise. » Il quitte Worms le 26 avril, un mois plus tard est alors signé l'édit impérial qui le met au ban de l'Empire.

La troisième et dernière partie de ce chapitre porte d'autant mieux son nom qu'après la démolition des trois murailles romaines, Luther est par l'Église puis l'Empire mis hors les murs de la chrétienté ; il va enfin être pendant près d'un an prisonnier protégé des murailles d'un château !

En effet, sur la route du retour de Worms à Wittenberg, le 26 avril, le petit équipage est brusquement investi par quelques cavaliers qui s'emparent de Luther et le conduisent bien malgré lui dans un château voisin, en pleine forêt. On suppose que ce coup de main a été préparé par Frédéric le Sage qui, avec l'accord tacite de l'empereur, veut mettre son protégé à l'abri de tous les dangers.

Dans ce château de la Wartbourg où il va vivre

en résidence forcée pendant dix mois, Luther trouve un gîte protégé et un couvert abondant, et on a conservé de cette époque deux ou trois images qui appartiennent à la légende du luthéranisme, même si elles témoignent d'une réalité historique attestée : Luther a dissimulé autant que faire se peut son identité derrière une barbe abondante et un titre de « chevalier Georges », et dans sa chambre on voit encore le bureau de travail, sur le mur la tache d'encre entretenue d'un jet de colère dont il aurait noirci le diable menaçant.

Les trois significations sont importantes, de ces souvenirs plus ou moins gravés dans le bois et la mémoire, car ils disent la disparition, le labeur et les épreuves du moine réformateur.

Luther disparaît de la scène publique, c'est-à-dire que sa très forte personnalité de prédicateur et de pasteur n'est plus là pour animer et en même temps contrôler le mouvement de réformation qui s'étend rapidement. Quelques indices du désespoir, voire du désordre qui menacent. La tristesse d'un Albert Dürer, grand ami estimé, qui note dans son carnet : « Ô Dieu, si Luther est mort, qui nous prêchera à l'avenir aussi clairement le saint Évangile ? » Hypothèse tragique, certes, mais qui encourage les agités et leur précipitation : Luther se plaint, dans telle lettre envoyée depuis la Wartbourg à Mélanchton ou à Spalatin, « des violences qui ont été exercées à Erfurt contre les maisons des prêtres... Ceux-ci ont une mauvaise réputation et l'on dit que la jeunesse artisanale est d'accord avec les étudiants... ». Des troubles menacent l'ordre public. Il y a de plus une sorte de frénésie qui s'empare des moines et des clercs, on veut se libérer des vœux monastiques et se marier « à tour de bras », la réforme accélérée transforme une liberté assumée en libérations anarchiques. Luther, de loin, tente d'enrayer le mouvement, écrivant par exemple en décembre 1521 : « Je n'approuve pas cette façon bruyante de quitter le couvent, alors qu'ils eussent pu le faire pacifiquement et à l'amiable. » Pis encore, des « prophètes » sont arrivés qui désorientent les fidèles par des propos enflammés et excessifs. Luther regrette que par timidité son ami Mélanchton ne réponde pas avec énergie à ces perturbateurs se réclamant du Saint-Esprit : il argumente avec les textes bibliques sur « le discernement des esprits » mais aussi sur le vrai christianisme évangélique dont il sait maintenant quelque chose : « Fais donc l'expérience, et n'écoute pas Jésus glorifié avant d'avoir vu Jésus crucifié. »

Mais on rejoint ici le travail d'approfondissement spirituel et de clarification théologique que va rendre nécessaire et possible le séjour solitaire à la Wartbourg. Ces quelques mois furent en effet d'une extrême fécondité.

Luther reprend d'abord le travail interrompu par le voyage à Worms, soit *Le Magnificat traduit en allemand et commenté*, et il en dirigera l'impression à Wittenberg, en septembre de cette année 1521. « Magnifique » méditation, en compagnie de « la douce mère de Dieu », cette œuvre est exemplaire en ce sens qu'elle annonce la pleine et suffisante grâce faite à « une simple domestique, cette petite et pauvre servante ». « Plus quelqu'un est au-dessous de Lui, mieux Dieu le voit. » Mais on ne peut que renvoyer aux pages intenses et lumineuses de ce commentaire totalement approprié par le lecteur : Luther dans sa détresse s'identifie aux plus petits, à ceux qui « aiment ou désirent vivre dans la pauvreté, surtout s'ils y sont contraints à cause de la Parole de Dieu ».

Or les circonstances extérieures, et la rumeur qui en parvient à Luther dans sa retraite forcée, le conduisent à réfléchir à des problèmes nouveaux et assez concrets : les vœux monastiques et la vie conjugale. Sur les premiers, il porte et demande un jugement : « On ne demande pas dans ce débat si le vœu doit être observé ou non, mais quels vœux sont de véritables vœux. » Osant la critique des vœux monastiques dont l'Église fait des critères de perfection chrétienne, Luther rappelle que le seul vœu fondamental et initial dans l'Église est le vœu baptismal, engagement de Jésus-Christ dans sa grâce parfaite. Il n'y a plus de place, avec cet Évangile, pour des « vœux de religion » et leur œuvre de perfectionnement exceptionnel qui contredisent tout à la fois la liberté de la grâce et l'amour fraternel. Dans une émouvante préface, le moine augustin qui ne le sera bientôt plus s'adresse à son père, Jean Luther, qui, voici bientôt seize ans, avait tenté de persuader son garçon : « N'avais-tu pas appris, instruit par de nombreux exemples, que le genre de vie adopté par moi s'était avéré funeste pour plusieurs ? Quant à toi, tu me destinais aux liens d'un mariage honorable et opulent. »

Dans le droit fil de ce jugement sur les vœux monastiques, Luther, dès son retour à Wittenberg et aux prises avec les « Illuminés » dont il sera bientôt question, va rédiger un traité, *De la vie conjugale.* Plus encore que sur les vœux de religion, il y conteste « le pape qui a imaginé dix-huit raisons de refuser ou de casser le mariage », et il trouve dans l'Écriture, plus encore qu'un enseignement utile sur le divorce, les recommandations et les bénédictions attachées à la vie conjugale, à la paternité et à la maternité. Il ne se mariera lui-même que trois ans plus tard, en 1525.

En attendant ce bonheur épanoui, il faut en revenir aux turbulences, tentations et tracasseries des trop longs mois passés derrière les murailles du château de la Wartbourg. Le changement de régime, une totale inactivité physique, en contraste avec la dépense inhabituelle d'énergie du jeune réformateur, une nourriture trop riche et l'amollissement du corps facilitent des convoitises et provoquent des souffrances physiques qui constituent une véritable épreuve. On raconte que pour résister tant à ce mal qui le tente qu'à la maladie qui l'éprouve, Luther, d'un geste assuré, écrit sur sa table et à la craie : « Mais j'ai été baptisé. »

Au fond, le remède sera le travail, et le salut donné par la Parole de Dieu. Très concrètement, puisque Luther a entrepris en décembre 1521 une traduction en allemand du Nouveau Testament grec, d'après le texte qu'on lui a remis, établi par Érasme. Ceux qui ont apprécié avant nous le travail que représente cette traduction, ont parlé de Luther comme d'un forgeron, ou d'un bûcheron, pour indiquer le combat avec les mots du texte, leur résistance, et la somme d'énergie qu'il faut, non pas seulement au savant docteur, mais aussi au simple prédicateur :

> « J'ai mis tout mon zèle à parler un allemand pur et clair. La femme dans son ménage, les enfants dans leurs jeux, les bourgeois sur les places publiques, voilà qui furent mes maîtres : d'eux j'ai appris comment on parle et explique. »

Avec l'Ancien Testament, « La Bible de Luther » sera complète en 1534.

Signalons enfin, au terme de cette histoire de « murs », que selon une vénérable tradition Luther aurait composé à la Wartbourg au moins la première strophe de cette hymne de détresse et de victoire qui constitue depuis le « cantique » par excellence des héritiers du réformateur allemand :

« C'est un rempart que notre Dieu :
Si l'on nous fait injure,
Son bras puissant nous tiendra lieu
Et de fort et d'armure... »

Mais en allemand le cantique de Luther sonne encore mieux :

« Ein feste Burg ist unser Gott... »

Les luttes
(1522-1525)

Durant son séjour forcé à la Wartbourg, signant après l'avoir datée du saint du jour ou de la veille, Luther terminait chacune de ses lettres avec une mention volontairement voilée et symbolique du lieu d'où il écrivait : « sur la montagne », « de l'île de Patmos », et plus fréquemment « dans le désert », « dans mon désert », ou « au désert ». Pensait-il à la célèbre devise latine des mystiques et plus encore des ermites : *« In eremo mihi, in urbe omnibus »* ? Si Luther fut seul dans son désert et sur la montagne, tous l'attendaient en ville et dans la plaine, pour des luttes redoutables qui vont se concentrer sur lui pendant ces trois ou quatre années qui suivent son retour à Wittenberg.

Concurrence et affrontement, conflit ouvert ou action guerrière, controverse et clivages, tous les mots sont employés par les historiens pour rendre compte des polémiques que va susciter la réforme luthérienne, sans oublier la rupture consommée avec Rome, la victoire remportée sur soi-même, et les futures discussions internes sur l'eucharistie puis les invectives contre les juifs.

Plus de vingt années de luttes ont ébranlé la chrétienté et excédé le réformateur, elles ont aussi inspiré l'écriture des grands textes luthériens dont la vie et la foi chrétiennes se nourrissent jusqu'à nos jours.

Les radicaux

Depuis la Wartbourg, Luther avait bien eu les échos de certains excès que des partisans zélés et accélérateurs de la réforme ne souhaitaient nullement endiguer. Le temporisateur Mélanchton, qui jouera un bon rôle dans les futures négociations de concordes, est pour le moment débordé par les radicaux, dont le premier est Carlstadt, collègue de Luther à Wittenberg, et par lequel avaient été provoquées de manière biaisée les attaques de Jean Eck, en 1518. Mais depuis, les deux lecteurs de saint Augustin ont laissé s'établir entre eux, par interprétations divergentes de la doctrine de la grâce, un véritable contentieux théologique. Il semblera anachronique à des esprits modernes, mais regardons l'affaire de plus près avant d'en juger.

Que l'homme soit pécheur, tous en conviennent, qu'il soit appelé à une profonde repentance, nul n'en doute, mais qu'il soit justifié peut s'interpréter de manière plus ou moins réaliste.

La loi que les chrétiens sont censés accomplir se réalise-t-elle dans la vie du pécheur pardonné au point qu'il puisse accomplir de bonnes œuvres en toute liberté ? Ce que penserait Carlstadt, prédicateur alors d'un Évangile de la liberté totalement libérée. Ou bien la condition pécheresse humaine subsiste-t-elle au point que même justifié le croyant rencontre encore et toujours la loi de Dieu comme accusatrice de sa misère et régulatrice de sa liberté ?

Dans la grande liberté chrétienne Carlstadt demandera et réformera tout, par exemple : la célébration de la messe en allemand, sous les deux espèces et même en habits civils, les « défrocations » immédiates et multiples au service de justes et joyeuses noces, les quolibets contre les moines attardés qui osent encore dire des messes privées ; les autels et les statues écornés dans les églises paroissiales dont la direction sera assurée par un collège de laïcs et les ressources financières affectées toutes au soin des pauvres.

On voit donc là, en 1521, 1522, une réformation accélérée, exagérée, et même prématurée aux yeux de Luther qui va réagir. En quoi il fut souvent plus catholique que protestant et plus encore un homme du Moyen Age qu'un précurseur du siècle des Lumières.

Il considère ainsi que Carlstadt est un

« enthousiaste », en allemand « *Schwärmer* », ce qui implique l'idée d'un admirateur passionné ou d'un visionnaire romantique, voire d'un libertin débauché. Les mots apparaîtront plus tard, certes, mais pour le réformateur, qui est avant tout un théologien et un pasteur, il y a grand risque pour les simples à introduire brusquement des changements radicaux. Le baptême des enfants, que Carlstadt rejette, la pédagogie patiente des catéchismes qui éduquent la liberté, les images qui peuvent fixer l'attention sans provoquer l'adoration, la Cène enfin et surtout considérée avec plus de réalisme que de symbolisme, sur tous ces points Luther reste calme, classique, traditionnel, pensant que la chrétienté n'est pas immédiatement mûre pour un passage violent à un christianisme tellement nouveau. Luther prendra donc clairement position contre Carlstadt et rédigera des textes de controverse et des pamphlets comme *La lettre aux chrétiens de Strasbourg contre l'esprit enthousiaste* et *Contre les prophètes célestes* (1524-1525).

Les illuminés

Carlstadt s'était défendu d'appartenir au clan des fauteurs de troubles, de contribuer à l'expansion de la sédition et d'encourager la jeunesse à la rébellion. C'est avec un autre prédicateur que Luther et la réforme naissante allaient rencontrer des difficultés théologiques et pratiques plus insurmontables.

Thomas Müntzer fut l'un des premiers collègues de Luther à adhérer totalement à l'aspiration d'une réforme évangélique de l'Église. Mais plus impatient et radical que Carlstadt, il poussa en leurs dernières extrémités les conséquences théologiques et politiques probables du mouvement initial de réflexion et de transformation. Nommé pasteur à Zwickau, il prophétise plus qu'il ne prêche, dès 1520, il excite plus qu'il n'explique, persuadé que Dieu inspire chaque croyant et lui parle directement par songes et autres visions. Il est expulsé, tant ses idées troublent et menacent la paix des âmes et des chaumières. Depuis Prague, où il s'est réfugié, il tempête avec une violence extrême contre le pape, les évêques et les prêtres, au point qu'aucune réforme de l'Église n'est possible sinon par la disparition immédiate et totale de ce qui vient de l'époque médiévale. On assiste donc à un intégrisme terroriste, qui va bientôt soulever contre le clergé et la noblesse, contre Luther lui-même, les anabaptistes et les paysans.

Lucien Febvre décrit parfaitement ce « royaume du Christ » tel que Thomas Müntzer voudrait le voir, ou plutôt le laisser s'instaurer :

« Royaume sans roi, sans magistrat, sans autorité spirituelle ou temporelle, sans loi non plus, sans Église ni culte, et dont les libres sujets, ressortissant directement de l'Écriture, éprouveraient les bienfaits d'un communisme dont le rêve édénique hantait les esprits simples... »

Pour qu'advienne ce nouveau royaume de la liberté et de la fraternité, il faut au peuple un guide, un prophète et au printemps 1525, Müntzer profite d'un soulèvement paysan contre les impôts et les redevances pour s'instituer libérateur des pauvres et chef des rebelles. Un délire meurtrier lui fait prendre l'épée et se prendre pour Gédéon chargé par l'Éternel d'éliminer les impies et autres Amalécites de tous les temps. De l'Autriche au Palatinat, en Saxe et en Alsace, on pille, détruit, brûle, ravage les campagnes et terrorise les citadins. Luther est appelé au secours : il est toujours un prédicateur, théologien et pasteur, n'ayant à sa disposition d'autre argument que la Parole, il reste un mystique et les événements le poussent à entrer en politique. Il vivait près de Dieu, les larmes aux yeux, dans sa détresse de la Wartbourg, et le voici au milieu des rebelles, les armes à la main, mis au défi de parler ou d'agir. Mais la parole exhortative sera-t-elle suffisante, ou faudra-t-il entrer en action politique, voire militaire, quand celui qui veut fortifier la justice ne peut plus que justifier et bientôt utiliser la force ?

Les paysans

La dure condition des paysans avait depuis longtemps provoqué dans toute l'Europe des soulèvements sporadiques, prenant parfois des allures de révoltes. Leur accélération provoquera des guerres comme plus tard leur accumulation aboutira à des révolutions. Au XVIe siècle, l'histoire de l'humanité en Occident traverse une période de profonds bouleversements dans lesquels les facteurs économiques et sociaux, politiques et religieux sont étroitement imbriqués. Et Luther apprendra à ses dépens, nous rendant ainsi un important service, qu'il faut savoir séparer les pouvoirs civil et ecclésiastique, distinguer le royaume du monde et le Royaume de Dieu ; à notre tour et à nouveaux frais nous apprendrons dans les temps modernes qu'il convient de les distinguer, certes, mais sans les séparer.

En France, en Angleterre peu après, en Bohême se produisent ce qu'on nomme des « jacqueries », révoltes paysannes qui procèdent par brusques coups de main. Quelques prédicateurs isolés et enflammés, bien avant les ténors du XVIe siècle, engagent les « Jacques », selon l'ancien sobriquet de nos paysans, à justement « faire les Jacques », soit tout simplement égorger tout ce qui de noblesse ou d'Église se présente à leur main. La conquête de la liberté n'a pas de prix et a tous les droits.

Avec les exemples multipliés et contagieux de

la Suisse en 1513, de la Hongrie en 1514, de la vallée du Rhin deux ou trois ans plus tard, ce sont presque partout dans les villes et les campagnes les bandes armées qui sévissent et vont bientôt mettre l'Empire et ses voisins « à feu et à sang », au sens le plus exact de cette formule. En 1524, quand l'incendie va se généraliser de l'Autriche et de la Saxe au Palatinat et à l'Alsace, des rives du Danube à celles du Rhin, la prédication évangélique de Luther a bien arrosé les plaines et les monts, les paysans et les châteaux, les couvents et les chapelles, la pensée religieuse du réformateur a pénétré presque partout, rapidement. Cependant, elle n'a nullement été comprise, assimilée, reprise dans le nouveau contexte ecclésial et social qu'elle annonce. Comme le dit très justement Henri Strohl :

« Les laïques avaient entendu parler du mot d'ordre de Luther sur la liberté chrétienne, mot dont ils ne comprenaient pas le sens religieux, mais qu'ils comprenaient à leur façon comme la proclamation du droit de tous à la liberté politique et sociale, à l'émancipation de toutes les tyrannies contraires à la loi de Dieu ou au droit naturel. »

Aussi quand les révoltes locales prennent la tournure d'une révolution générale, au mois de mars 1525, Luther est interpellé et il doit venir au secours des uns et des autres, intervenir sans tarder, et que peut-il faire d'autre qu'exhorter à la justice et à la paix ? Encore que le réformateur se soit déjà exprimé sur ce genre de situations, quand elles étaient moins graves et urgentes certes, mais dès 1523 il avait, dans un *Traité du pouvoir temporel*, mis les seigneurs et les princes en garde contre le mépris et l'oppression en lesquels ils tenaient les paysans : ne racontait-on pas, parmi d'autres exactions habituelles, que les maîtres du servage avaient crevé les yeux de leurs paysans, au motif que ceux-ci détruisaient le petit gibier funeste à leurs récoltes ? Luther avait donc essayé de faire un sérieux catéchisme à ces messieurs qui continuaient de « s'en croire », tout en disant avoir commencé à croire autrement...

Mais les paysans, ceux de Souabe, du lac de Constance notamment, à l'appel des prédicateurs mobilisateurs, se sont constitués en groupes coordonnés qui vont bientôt tenir de l'armée plus que de la bande, jusqu'à trente mille hommes aux armes de fortune mais au moral de fer. Les chefs rédigent avec et pour eux un véritable programme qui n'est encore ni « commun », ni « socialiste », mais presque. En douze articles pesés et pensés on demande par exemple : le droit pour chaque communauté d'élire son pasteur, l'abolition du servage, la diminution des impôts et corvées, l'affectation réelle de la dîme au soin des pauvres, l'exercice impartial de la justice, « le rétablissement des droits de tous sur les pâturages » et, pour conclure pacifiquement, la disponibilité des

Illustrations

1. Portrait de Luther par Cranach, vers 1526. © Collection Viollet.

2. Luther en moine augustin avec le chapeau de docteur, gravure sur cuivre de Cranach, 1521. AKG Photo.

3. Luther en « chevalier Georges », gravure sur bois de Cranach, 1522. AKG Photo.

4 et 5. Luther et sa femme, Katharina von Bora, par Cranach, 1529. Galerie des Offices à Florence. AKG Photo.

6. Luther à la fin de sa vie. Gravure sur bois, vers 1580, d'après un portrait de Cranach. AKG Photo.

7. Melanchton par Cranach. Musée de Dresde. © Collection Viollet.

8. Le Saint Empire au temps de Luther.

1

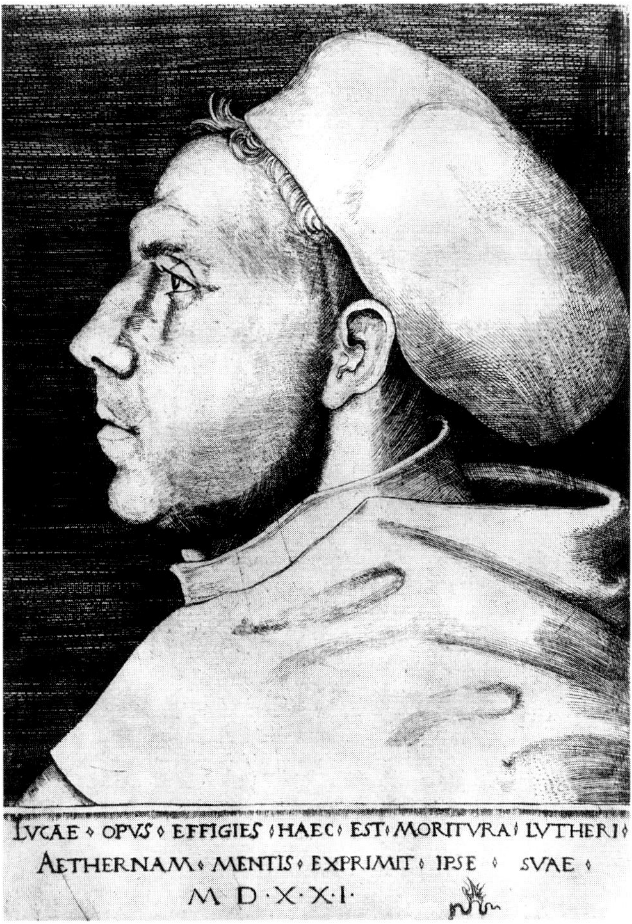
LVCAE OPVS EFFIGIES HAEC EST MORITVRA LVTHERI
AETHERNAM MENTIS EXPRIMIT IPSE SVAE
M·D·X·X·I·

5

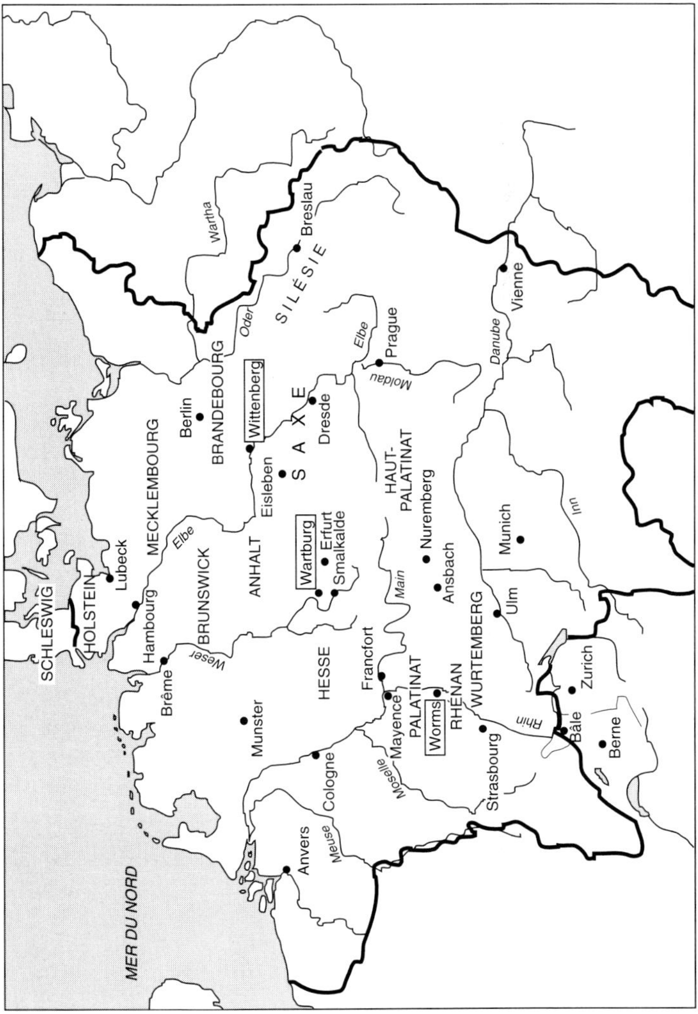
MER DU NORD
SCHLESWIG
HOLSTEIN
Lubeck
Hambourg
Brême
MECKLEMBOURG
Elbe
Weser
BRUNSWICK
Berlin
BRANDEBOURG
Wartha
Oder
Breslau
SILÉSIE
Wittenberg
Eisleben
ANHALT
SAXE
Dresde
Wartburg
Erfurt
Smalkalde
Elbe
Prague
Moldau
Munster
HESSE
Francfort
Mayence
Cologne
Anvers
Meuse
Moselle
Main
HAUT-PALATINAT
Nuremberg
Ansbach
PALATINAT RHÉNAN
Worms
WURTEMBERG
Strasbourg
Rhin
Bâle
Zurich
Berne
Ulm
Munich
Inn
Danube
Vienne

signataires et bénéficiaires pour renoncer à toute exigence qui serait « contraire à la Parole de Dieu ».

Ces revendications paysannes, cahiers des doléances avant la lettre, devaient être mises en débat, et soumises à l'avis des autorités, y compris religieuses, de Luther lui-même au premier chef.

Le réformateur s'exécute dans les meilleurs délais et publie le 25 avril 1525 une *Exhortation à la paix, à propos des Douze articles de la paysannerie souabe.* Cette vingtaine de pages constitue un petit chef-d'œuvre d'énergie pacifique et de juste rigueur, qu'il faut bien souligner avant la tragédie meurtrière et sa terrible justification, quelques semaines plus tard.

Le ton est grave, « cette affaire est d'importance et périlleuse et concerne tout ensemble le Royaume de Dieu et le royaume du monde », et le prédicateur, avec des intonations de Charles Péguy à propos de l'affaire Dreyfus, ajoute que « si cette révolte devait se propager et l'emporter, les deux royaumes périraient... et qu'il s'en suivrait une destruction éternelle ».

L'appel de Luther s'adresse d'abord aux princes et seigneurs, pour convertir leur « grande peur de bien-pensants » qui agissent mal en un comportement responsable de justice et d'obéissance à l'Évangile. « Dans votre gouvernement temporel, vous ne faites que pressurer et lever des impôts pour satisfaire votre soif de faste et votre orgueil. [...] Or, vous avez l'épée sur la gorge et [...] la colère divine va se déchaîner contre vous si vous ne vous améliorez pas. »

Le propos est donc clair et net, mais le censeur de ces riches personnages sait aussi se faire leur conseiller pastoral et à l'argument de l'autorité menaçante ajouter l'éventualité de l'intérêt bien compris :

> « Si l'on peut encore vous donner un conseil, Messieurs, eh bien, cédez un peu devant la colère, à cause de Dieu. Un char de foin doit céder la place à un homme ivre ; à combien plus forte raison devez-vous mettre de côté la rage et la tyrannie intraitable pour agir raisonnablement avec les paysans comme avec des gens ivres et égarés... »

De ce tonneau sont les trois pages adressées aux seigneurs et si les paysans les ont lues ou entendues, comment ont-ils apprécié cette parabole de la bonne conduite des princes avec leur char de foin, au milieu de la bande enivrée des pauvres avec leur mauvaise cuite ?

« A la paysannerie » s'adresse la seconde et beaucoup plus longue partie de cette *Exhortation à la paix*. Il est de bon ton, sans aucun doute, de commencer par un : « Voici quelle est mon amicale et fraternelle prière, chers Messieurs », afin de convaincre les destinataires qu'ils sont d'abord victimes « d'une multitude d'esprits partisans et meurtriers que Satan a suscités sous le couvert de l'Évangile ». Puis Luther argumentera très longuement sa doctrine : aucun groupe social, même opprimé, ne peut revendiquer « le nom du Seigneur » pour authentifier sa troupe ou son alliance, c'est aux autorités instituées par Dieu qu'il faut laisser le soin de dire le droit et régler les conflits, nul, même traité injustement, ne pouvant s'ériger en juge. L'Évangile réprouve l'emploi de la violence et appelle à porter sa croix, non à suivre des « prédicateurs meurtriers ».

Enfin, pour clore cet écrit de pacification, Luther s'adresse aux deux parties : « Si vous ne suivez pas ce conseil — ce qu'à Dieu ne plaise — il me faut alors vous laisser partir en guerre, mais moi je suis innocent de vos âmes, de votre sang et de vos biens. C'est à vous d'en répondre. »

La réponse ne se fit pas attendre car les propos de Luther n'eurent aucun effet, il est sans doute trop tard. Müntzer tient toutes ses troupes en main, le Grand Électeur de Saxe est mourant et le désordre à son comble en ce mois de mai 1525. Luther sent-il qu'au-delà de l'Allemagne c'est toute la Réforme qui va sombrer dans le chaos ? En tout cas, il prend parti, de manière passionnée et violente et au début du mois de mai publie ce qu'il faut bien appeler un pamphlet *Contre les hordes criminelles et pillardes de paysans*. Avec un arsenal biblique étalé dès la première page, il condamne sans appel ceux qui sont, tel le diable, « meurtriers dès le commencement » (Jean 8, 44) et qui attirent sur eux le jugement annoncé « pour quiconque résiste aux autorités » (Romains 13, 2). Celle-ci, en la personne des princes et de leurs gens d'armes est donc appelée à la répression, féroce mais en l'occurrence légitime.

L'honnêteté exige que l'on cite ces propos extrêmes mais historiques :

« Frappe ici qui peut frapper car [...] les paysans ne luttent plus maintenant pour l'Évangile, mais ils sont manifestement devenus des meurtriers sans foi, parjures, insoumis et séditieux, des bandits et des blasphémateurs [...] et même l'autorité païenne a le droit, plus encore le devoir de châtier ces coquins. [...] »

Et pour se faire bien comprendre de tous, Luther qui a la comparaison rustique toujours à portée de la main ajoute une image mordante à celle déjà désobligeante du char de foin et de l'ivrogne :

« On court sur un chien enragé et on le tue, sinon c'est lui qui vous tue et tout un pays avec vous. [...] C'est pourquoi frappez, égorgez [...]. »

Hélas, les princes et les seigneurs n'avaient pas besoin de ces paroles incitatives et excitantes qui après avoir appelé encore à « pourfendre, frapper et étrangler qui peut » se terminait par ce constat d'un pessimisme cosmique qui pourrait un peu expliquer l'ampleur de l'horreur :

« Si quelqu'un estime que cela est trop dur, qu'il se dise que la révolte est intolérable et qu'il faut s'attendre à tout instant à la destruction du monde. »

La répression est totale, la catastrophe effroyable, les troupes de Müntzer sont défaites à Frankenhausen, lui-même décapité, et cette haine follement déchaînée aura coûté la vie à près de 100 000 hommes. En Alsace, rapporte-t-on, le duc de Lorraine aurait fait égorger 20 000 paysans après leur reddition.

Quand Luther, réalisant le ravage en cours, tente de ramener un peu de raison, sinon de clémence, en rédigeant au mois de juillet 1525 une *Missive touchant le dur livret contre les paysans*, il est trop tard. Il ne renie pas son argumentation précédente, il déplore les excès et impute l'épouvantable histoire dont ont été acteurs et victimes les paysans et les princes au fait que la Parole de Dieu a été insuffisamment prêchée et incorrectement reçue.

A Rome, le nouveau pape, élu en 1523, se nomme Clément VII. C'est lui qui couronnera Charles Quint, dont les mercenaires procéderont en 1527 au sac de Rome. Il n'y a pas que « le Rhin qui est en flammes ».

L'humanisme

Quel siècle, pas seulement de feu et de sang.

En 1508, « à la campagne », Érasme de Rotterdam commence d'écrire son *Éloge de la folie*, dédié au chancelier anglais Thomas More, l'auteur d'une *Utopie* qui ne lui épargnera pas d'être décapité. En attendant, le philosophe hollandais, qui prononça jadis des vœux de moine augustin, et qui deviendra « le prince des humanistes », s'exprime sur les théologiens avec une vigueur extrême :

> « Il vaudrait mieux, sans doute, passer sous silence les théologiens, éviter [...] de toucher à cette herbe infecte. [...] L'amour-propre les juche au troisième ciel. [...] Innombrables sont leurs subtiles niaiseries [...] et leur érudition est si compliquée que les Apôtres eux-mêmes auraient besoin de recevoir un autre Saint-Esprit pour disputer avec ces théologiens d'un nouveau genre. »

Pas plus tendre avec les moines qui « estiment que la plus haute piété est de ne rien savoir, pas même lire ».

Luther, évidemment, n'entre ni dans cette catégorie de théologiens compliqués, lui qui a ramené tout le sens de l'Écriture à Jésus-Christ seul, ni dans cette famille des moines illettrés. Au contraire, la publication en 1516 de la première édition grecque du Nouveau Testament par Érasme est accueillie par Luther avec une extrême faveur. C'est l'application à la théologie chrétienne du retour aux sources anciennes et originales dont la Renaissance fait « sa grandeur et son ambition », comme le dit Michelet : à l'apparition « subite de ces deux langues françaises, celle de l'immense et fécond Rabelais, celle du fort et lumineux Calvin », on doit ajouter l'allemand évangélique et populaire de Luther : il donne à la Réforme sa Bible lisible par tous.

Mais les deux hommes, si proches et différents, Érasme l'humaniste et Luther le théologien, qui se rapprochent et bientôt s'affrontent, vont constituer un couple emblématique de géants. Au point qu'on pourra dire que si la Renaissance a permis ou facilité la Réforme, celle-ci a aidé, ou sauvé la Renaissance.

Luther comme Érasme prend ses distances avec la scolastique, mais assez rapidement les deux penseurs vont croiser les arguments sur l'interprétation de l'Épître aux Romains. « Ce qui me choque chez Érasme, écrit Luther à Spalatin en 1516, en dépit de toute sa science, c'est son interprétation des paroles de l'apôtre sur la justice de la loi. [...] Mon dissentiment avec Érasme, je n'en doute pas, vient de ceci » : « Quand il s'agit d'interpréter les Écritures, je préfère Augustin à Jérôme, dans la mesure exacte où lui, Érasme, préfère Jérôme à Augustin. [...] Car ce n'est pas, comme le pense Aristote, en agissant bien que nous sommes rendus justes, mais c'est en devenant justes que nous sommes capables de bien agir. [...] »

Un peu plus tard, Luther qui lit toujours Érasme, écrit que « (sa) sympathie pour lui décroît de jour en jour ». Le texte intégral de cette courte lettre montre bien comment le fer est engagé sur le problème ancien et permanent de la grâce de Dieu et de la liberté de l'homme.

Luther va reprocher à Érasme d'avoir « le regard tourné non vers la croix mais vers la paix [...], de croire que toutes choses peuvent être traitées avec courtoisie et bienveillance ». Nous sommes encore en 1521.

Une lettre de Luther, datée de 1529, conclut à propos d'Érasme et de « sa colère furieuse » :

> « Je le méprise et ne ferai plus à cet homme l'honneur de continuer à discuter avec lui. [...] Car c'est l'homme le plus léger qui soit, il se moque de toutes les religions [...] et il n'écrit rien avec sérieux, sinon lorsqu'il s'agit de se venger et de nuire. »

Après ces coups portés à Érasme qui est maintenant à Bâle, le réformateur allemand ajoute, tranquille : « Ici, nous sommes tous en bonne santé »...

Comment expliquer cette rage exprimée de l'un contre la colère prêtée à l'autre, sinon, au-delà des questions de tempérament, par l'importance que des hommes de ce siècle accordaient à la vérité de Dieu et sur l'homme, à la manière

Une lettre sur Érasme

à Johannes Lang, Wittenberg, 1er mars 1517

« Je lis notre Érasme, et ma sympathie pour lui décroît de jour en jour. J'approuve, assurément, qu'il accuse et condamne les religieux aussi bien que les prêtres, avec autant de science que de conscience, pour leur ignorance invétérée et leur engourdissement. Mais je crains qu'il ne mette pas suffisamment en valeur Christ et la grâce de Dieu : sur ce point, il est beaucoup plus ignorant que Lefèvre d'Étaples. Chez lui, les choses humaines l'emportent sur les choses divines. C'est à contrecœur que je porte sur lui ce jugement ; je le fais cependant, pour t'avertir qu'il ne faut pas lire et accepter sans examen tout ce qu'il écrit. Les temps où nous vivons sont en effet lourds de périls ; et je vois qu'un homme n'est pas chrétien simplement parce qu'il est savant et qu'il sait le grec et l'hébreu : et quand saint Jérôme, qui connaissait cinq langues, n'égale pas Augustin, qui n'en savait qu'une, Érasme est encore plus loin de l'égaler.

Autre est le jugement d'un homme qui attribue quelque chose au libre arbitre de l'homme, autre celui d'un homme qui ne connaît rien en dehors de la grâce.

Cependant, je tiens ce jugement secret, afin de ne pas renforcer la conspiration de ses adversaires ; peut-être le Seigneur lui donnera-t-il l'intelligence en temps voulu. »

Œuvres, Labor & Fides, t. VIII, p. 15-16.

dont elle était formulée et articulée ? On ne procédait évidemment ni par sondage d'opinion pour savoir ce que les gens en pensaient, ni par évaluation socio-économique des conditions de production des idéologies, mais au premier degré de la réflexion de l'homme sur son destin, les partisans s'avançaient comme en un duel : le premier coup d'épée donné par Érasme est intitulé *Diatribe sur le libre arbitre*, un écrit de septembre 1524. Luther prépare ses armes et répliquera en décembre de l'année suivante par un vigoureux *Traité du serf arbitre*.

Érasme avait approuvé les premiers écrits réformateurs, salué la liberté du ton et la vigueur de l'interpellation, regretté la condamnation par le pape, mais sans pour autant renoncer, lui, l'humaniste, à faire une lecture éventuellement critique des assertions courageuses du théologien. Luther prétend que l'homme pécheur ne peut rien pour préparer ou faciliter l'œuvre en lui de la grâce salvatrice de Dieu. Le prétendu libre arbitre de l'homme n'est que la possibilité inévitable pour lui de faire le mal, de pécher, y compris quand il voudrait bien faire.

Mais cette négation de toute liberté, ce déterminisme absolu ne font-ils pas en définitive de Dieu lui-même l'auteur responsable du mal ? Cette question est effectivement développée par Érasme dans sa *Diatribe sur le libre arbitre* : il se présente comme un homme de dialogue, peu enclin au scepticisme, certes, mais moins encore au fanatisme. Car le point qui fait problème est celui de la clarté éventuellement univoque de l'Écriture : pour l'humaniste, traducteur et lecteur, les textes bibliques sont susceptibles d'interprétations diverses ; pour le réformateur, qui prêche et interpelle, il n'y a dans l'Écriture qu'une seule Parole de Dieu. Luther va répondre à Érasme avec les mots fameux qui constituent ce qu'on appellerait aujourd'hui sa « clé herméneutique » : « Enlève le Christ des Écritures, que pourras-tu y trouver d'autre ? »

Justement, affirme Érasme, on y trouve autre chose, Dieu autrement, par exemple des textes bibliques qui affirment que l'homme pécheur dispose encore d'une certaine liberté de choix. L'homme peut choisir, même s'il ne dispose plus de toute sa liberté originelle. Et à cet égard, le grand texte de la liberté chrétienne défendue par Érasme est celui du discours de Moïse aux enfants d'Israël : « J'ai mis devant toi la vie et la mort, [...] choisis la vie afin que tu vives [...] » (Deutéronome 30, 9) ; les appels prophétiques et apostoliques à la conversion du cœur et au changement de vie, d'Ézéchiel à Jean-Baptiste, puis de Jésus et de Paul lui-même impliquent bien chez les auditeurs une certaine possibilité de se déterminer.

Luther, au moment où ce point de vue est exposé par Érasme, est occupé ailleurs, préoccupé même, puisque la guerre des paysans s'aggrave, la dispute avec Carlstadt n'est pas terminée et l'adversaire le plus urgent, après le pape hier et Érasme demain, c'est Müntzer lui-même et les troupes qu'il a levées contre les princes.

Luther va disposer d'un peu de temps et plus encore d'une vigueur contenue pour répondre à son contradicteur avec un volume en trois parties, très argumenté et qui tire ses ressources polémiques de l'Écriture comme de l'expérience qui est la sienne. Il nie absolument tout libre arbitre, car Dieu a tout prévu et comme le dira Kierkegaard : que Dieu « puisse tout à tout instant, c'est la santé de la foi », sagesse de Dieu qui passe pour folie aux yeux des sages, selon l'argumentation de saint Paul aux Corinthiens, dans laquelle l'auteur trouve la sienne. Il reconnaît, dans une aimable préface à son destinataire que celui-ci « a traité la question qui nous occupe avec une si constante et admirable modération qu'elle ne me permet pas de m'emporter contre toi... ».

Ainsi le vénérable maître de Rotterdam et le combatif prédicateur de Wittenberg laisseront-ils à leur postérité européenne et chrétienne tous les éléments d'un débat théologique essentiel, mais plus encore l'exemple d'un style de débat qui concerne toujours les religions en général et le christianisme en particulier : comment concilier la vérité et la charité, la conviction et la paix, le courage d'être mais aussi sa difficulté, selon les mots modestes d'Érasme : « Je supporte cette Église jusqu'à en voir une meilleure. Et elle est également obligée de me supporter jusqu'à ce que je sois devenu meilleur. »

La pause
(1525)

Depuis 1517, Martin Luther a connu une existence mouvementée, exaltante et dangereuse, et on a mesuré en plusieurs circonstances sa détermination spirituelle, son ardeur pastorale, voire son insolence théologique, en tout cas son indépendance par rapport à tous les pouvoirs dont celui de la tradition ecclésiastique n'est pas le moindre.

Les conflits l'ont mobilisé, procès et controverses, les menaces l'ont entouré, qui n'étaient pas seulement théoriques, et dans l'urgence permanente on peut imaginer qu'il fut souvent habité par les propos qu'il envoyait en 1520 à Staupitz, son directeur de conscience : « Priez pour la Parole de Dieu, et pour moi ; je suis entraîné et roulé par les flots. »

Or il y eut une pause que Luther allait mettre à profit pour se marier, lui, le moine augustin lié par ses vœux de 1506.

Depuis la Wartbourg, il avait envoyé à ses

confrères un *Jugement sur les vœux monastiques*, estimant qu'ils s'opposent à la foi et sont contraires à la Parole de Dieu. La liberté chrétienne, en effet, et l'ordre de Dieu n'interdisent pas le mariage, ce sont « les papistes qui en ont fait une interdiction » et peuvent être déliés de leurs vœux tant les moines que les prêtres. Nous avons vu à quels excès parfois, cette liberté annoncée, avait donné lieu et Luther lui-même, resté célibataire, n'en avait pas usé.

Il est vrai que le rythme de son existence ne lui en laissait guère le loisir, avec cette raison supplémentaire dont il s'explique encore en 1524 dans une lettre à Spalatin :

> « Je ne prendrai pas femme. Non que je ne sente ma chair et mon sexe, je ne suis ni de bois, ni de pierre ; mais mon esprit n'est pas tourné au mariage lorsque j'attends chaque jour la mort et le supplice dû aux hérétiques. »

Sur le mariage lui-même, le réformateur avait pourtant écrit, dès son retour à Wittenberg de 1522, dans le *Traité de la vie conjugale* que le mariage est un don de Dieu, et pas seulement une institution humaine. Il précise même, contre la tradition ascétique, que la sexualité n'est pas un péché. Il ajoute que l'homme pécheur dans le mariage aussi est justifié par grâce : la Parole de Dieu sanctifie les époux, que l'Église n'a nulle autorité à soumettre à un sacrement.

Cela dit, il faut admettre que certains croyants

fassent état d'une légitime vocation au célibat, la liberté chrétienne étant donnée de se marier et de ne pas se marier. Ensuite, envisageant tous les cas de figure, Luther énumère trois raisons qui peuvent rendre le divorce nécessaire : l'inaptitude organique, l'adultère constaté, le refus définitif.

« Et si quelqu'un est marié avec un conjoint malade et qui ne lui a été d'aucun bénéfice pour le devoir conjugal ? N'a-t-il pas le droit d'en prendre un autre ? Jamais de la vie, mais qu'il serve Dieu dans la personne du malade et qu'il prenne soin de lui... »

Mais la situation sera plus souvent celle du bonheur, des enfants et de la famille, de l'autorité et du ministère des parents dont Luther écrit qu'ils sont « assurément les apôtres, les évêques et les pasteurs des enfants lorsqu'ils leur annoncent l'Évangile ».

Et du partage des tâches familiales et ménagères, l'auteur *De la vie conjugale* écrit à son destinataire hypothétique :

« Dis-moi, maintenant, si un homme se mettait à laver les langes ou à s'acquitter auprès de son enfant de quelque autre tâche méprisable, et si tout le monde se moquait de lui et le tenait pour un sot et pour un homme efféminé, alors qu'il agit uniquement dans le sentiment de la foi chrétienne, dis-moi, mon cher, lequel aurait, ici, le plus sujet de se moquer de l'autre ? »

Subitement, Luther décide de se marier, sans doute plus par conviction raisonnable qu'il est temps de rompre sa solitude que par une passion amoureuse irrépressible. Certains propos laissent même penser qu'il y a de la provocation publique autant qu'une vocation intime dans ces noces célébrées le 13 juin 1525. Luther vient d'épouser une nonne défroquée, Katharina von Bora. Il a quarante-deux ans, elle vingt-six ; elle a quitté le cloître où sa famille l'avait casée. On ne sait si tous les détails du scénario ont été voulus, en tout cas le spectacle d'une profanation des tabous est parfaitement mis en scène. Et le mari en sourit et nous en fait rire qui écrit peu de jours après la noce :

> « Moi aussi, je me suis marié, et avec une nonne. J'aurais pu m'en abstenir, et je n'avais pas de raison spéciale pour m'y décider. Mais je l'ai fait pour narguer le diable et ses écailles, les faiseurs d'embarras, les princes et les évêques puisqu'ils sont assez fous pour défendre aux clercs de se marier. »

Luther a donc réalisé la décision qu'il avait ainsi formulée en invitant des amis, de « finir (sa) vie dans l'état conjugal institué par Dieu et ne plus rien conserver de (son) ancienne vie papiste ».

Lui et sa femme abritent leur bonheur conjugal dans le couvent même de Wittenberg que le Grand Électeur a mis à leur disposition.

Dans la correspondance innombrable de Luther, comme dans ses *Propos de table*, on trouve les éléments qui permettent d'imaginer sinon de représenter l'épanouissement qu'ont été pour lui ces premières années de mariage : le jardin potager, les parties d'échec, « la musique qui chasse le diable et rend les gens heureux ». Bien plus, la naissance des enfants, à commencer par Jean auquel il écrira pour lui raconter une « histoire de beau et joyeux jardin » où sont admis à jouer les enfants sages et pieux comme il doit l'être. Mais lui-même les gâte, qui prend soin d'écrire à sa femme, alors qu'il est en voyage :

« Quoique que ce soit maintenant le temps de la foire, je ne peux rien trouver à acheter pour les enfants dans cette ville (Torgau). Pour le cas où je ne rapporterai rien de bien extraordinaire, procure-toi quelque chose que je puisse leur donner à mon retour. »

Des six enfants deux mourront en leur jeune âge, Madeleine à treize ans, en 1539 — dont il avait écrit peu avant qu'étant « à la dernière extrémité, elle nous quittera bientôt pour rejoindre son vrai Père dans le ciel, à moins que Dieu en ait décidé autrement... » — et une petite Élizabeth qui décède à l'âge de six mois.

Éprouvée, comme le sont souvent les grandes familles avant les progrès de la médecine, celle de Luther et de Catherine est d'autant plus largement ouverte à l'hospitalité, des neveux et des nièces sans compter, surtout les orphelins, une tante, des amis de passage, des pasteurs en danger, parfois de hauts personnages qui aimaient s'asseoir à la table chargée.

Cette abondance n'exclut pas, bien au contraire, prières et chants, nourriture parfois sobre et prise en silence, et l'amour de la vie ne s'accompagne d'aucun laisser-aller. L'éducation est sévère, l'instruction très stricte. Jeux de boules et chansonnettes rendent quand même moins rude une enfance qui ne devait pas toujours être gaie, du moins si on en croit le père Martin Luther qui aurait dit : « Je préférerais avoir un fils mort plutôt qu'un fils mal élevé. »

Controverses
(1525-1528)

En 1525, Luther a quarante-deux ans et il vivra encore un peu plus de vingt ans : il a annoncé l'Évangile de la grâce et contesté en conséquence tout ce qui le contredit dans son Église, il va de plus en plus dénoncer les interprétations erronées et appeler à réprimer ce qui fait encore opposition à la Réforme. Nous allons le voir, d'abord à l'occasion de sévères controverses puis, après des tentatives de conciliation et de concorde, avec le commencement de ce qui sera l'orthodoxie luthérienne.

La première controverse porte sur la Sainte Cène, et donna lieu à un ample débat entre 1525 et 1528, date d'une œuvre majeure de Luther à laquelle nous porterons quelque intérêt *De la Cène du Christ. Confession.* Ce ne sont plus des « thèses », brèves, ni un « traité », dynamique, comme en 1517, mais une longue et puissante confession, lentement argumentée et qui s'achève par une proclamation dense et intense de la foi chrétienne essentielle du Réformateur. La polémique l'y a conduit.

La Cène du Christ

Sur les sacrements va se dérouler au XVIe siècle le débat le plus difficile entre les protestants : comment comprendre, expliquer et confesser la présence de Jésus-Christ dans le sacrement de la Sainte Cène ?

Luther avait conservé la foi traditionnelle en la présence réelle du corps et du sang du Christ dans le pain et le vin de la Cène. Il avait, après son maître saint Augustin, admis la définition classique du sacrement comme « signe visible de la grâce invisible » et, dans son élan de prédicateur de l'Évangile, il croyait justement que la Cène confirme ce que la Parole annonce, que les croyants y confessent la Parole qu'ils ont reçue. Il avait critiqué la théorie de la transsubstantiation liée au pouvoir dont le clergé était investi, et en 1520, dans le *Traité de la captivité babylonienne de l'Église* il avait condamné la messe en tant que « bonne œuvre et sacrifice » dont l'Église a abusé pour affermir son pouvoir et assurer sa richesse. Les « messes privées », mais non de rapport, seront à supprimer.

Pour le reste, Luther est un pasteur qui s'en tient à la simplicité des paroles d'institution de la

Cène dans l'Évangile, et à leur mot à mot : « Prenez et mangez, ceci est mon corps » (Matthieu 26, 26 et les parallèles de Marc et Luc).

D'autres ne l'entendaient plus ainsi et le réformateur de Zürich, Ulrich Zwingli, très influencé par Érasme et l'humanisme, rejetait tout simplement le mot de « sacrement ». Luther, par une sorte d'antiphrase, appela cette école celle des « sacramentaires ». De Hollande, une terre qui sera souvent celle de toutes les premières libertés, des théologiens avant les nôtres avaient récusé un réalisme sacramentel excessif : il impliquait à la limite une nouvelle incarnation du Christ dans l'élément matériel du pain. Au point que les gravures polémiques de l'époque représentaient, par exemple, les miettes de pain ou les gouttes de vin, sur la barbe d'un communiant âgé et tremblant, par de minuscules corps humains, des petits *« corpus Christi »*...

Contre ces caricatures indignes mais significatives, les spiritualistes avaient beau jeu de dire : mais la présence réelle du Christ dans le pain et le vin de la Cène, n'est pas une présence physique et corporelle. Il s'agit d'une présence spirituelle dans le cœur du croyant et dans la communauté des fidèles. « Ceci est mon corps » doit être compris comme « Ceci signifie mon corps », argumente Zwingli dans son *Commentaire de la vraie et de la fausse religion* : c'est le détonateur de la polémique qui va s'engager dès 1525 avec Luther. Celui-ci n'est pas prêt à laisser n'importe qui dire n'importe quoi, même au nom de la réforme de l'Église et de la critique de la papauté.

Zwingli récuse donc le mot même de sacrement, il estime que la vraie foi n'a pas besoin des choses, le Saint-Esprit n'utilise ni moyens matériels, ni instruments de cet ordre, et le baptême comme la Cène du Christ extériorisent après coup ce que l'Esprit a créé ou inspiré immédiatement dans le cœur du fidèle. Le sacrement rend visible à l'extérieur le processus d'illumination intérieure. Et ce que Zwingli pense de la Cène, les anabaptistes le diront du baptême : il manifeste la foi déjà reçue en même temps qu'il la confesse publiquement.

Un argument supplémentaire est fourni à ceux que Luther traite, avant de les maltraiter, de visionnaires, illuminés et sacramentaires, par les théories du réformateur bâlois Œcolampade. Comment donc, argumente-t-il, le Christ peut-il être présent dans le pain et le vin sur l'autel alors que depuis l'Ascension « il siège à la droite du Père » ? Il n'y a pas deux corps du Christ, un au ciel dans le Royaume de Dieu, et un autre sur la terre, dans sa sainte Église !

Ces attaques, portées également depuis Strasbourg par d'autres réformateurs comme Bucer et Capiton, ne peuvent laisser Luther insensible. Il répond coup par coup, par des traités successifs, sermons notamment, en 1526 et 1527.

Les trois points principaux du débat concernent donc d'abord le sens de ces paroles, « Ceci est mon corps », ensuite la question du rapport entre la Parole et les sacrements, enfin le problème de la localisation du Christ. Vaste programme, qui ferait sourire nos modernes sceptiques, mais qui traduit le sérieux réalisme de leur foi pour ces hommes du XVIe siècle qui croyaient « vraiment » en Dieu.

Sur la parole d'institution de la Cène, Luther confirme que la présence du Christ au milieu des siens n'est pas symbolique, au sens d'un platonisme qui dirait que nous avons devant les yeux l'ombre de réalités qui sont cachées ailleurs ; au contraire, aussi vrai que la Parole le déclare, aussi vrai le Seigneur est présent, « consubstantiel », dira Luther usant d'un néologisme heureux. La Parole avec le pain sont ensemble le Christ présent à la foi. Et on ne peut pas laisser dire qu'il serait seulement « en représentation ». Pour le démontrer, Luther utilise un mot de la grammaire universitaire et de l'art oratoire, le « trope », soit la figure par laquelle un mot est détourné de son sens propre. Il prend l'exemple d'un beau chant de louange qui dirait que ce bel enfant, fils de la Vierge, « est une fleur ». C'est une manière de parler, comme l'Écriture en est pleine, « Marie est une aurore, Christ est un fruit du corps, le diable est un dieu du monde », et Luther qui ne peut pas se retenir, ajoute comme exemple de « tropes » que « le pape est Judas, saint Bernard une colombe et David un termite » [?].

Pour conclure, dit-il, « il ne peut y avoir de trope dans la Cène, les mots doivent être compris tels qu'ils sont énoncés : “Ceci est mon corps, ceci est mon sang”, je le sais avec certitude ».

Quant au rapport entre la Parole et les Sacrements, étant acquise la dépossession cléricale de leur administration, il faut répondre au refus de tout signe visible qui s'appuie notamment sur le texte de saint Jean à propos du pain de vie : « La chair ne sert de rien, c'est l'Esprit qui vivifie » (6, 63). Là encore, Luther, non par matérialisme superstitieux mais par réalisme théologique, répond, avec beaucoup d'invectives il est vrai, que d'une part « la chair d'Abraham, de Sarah, d'Isaac et d'autres saints avait été utile pour la foi et la chair du Christ devait servir encore bien davantage » ; et d'autre part que nous sommes des êtres « de chair et de sang », non des esprits désincarnés, ni des « grammairiens et rhéteurs » — comme Zwingli et les siens ! La Parole de Dieu s'adresse à l'homme vivant, dans un corps et dans une histoire, et là le sacrement agit mystérieusement pour confirmer la foi et sa confession publique.

Le dernier des points principaux du débat, plutôt avec Œcolampade, le réformateur de Bâle, porte sur l'ubiquité du Christ, au ciel et sur la terre. Là encore, Luther répond avec un bon sens qu'il tient de sa formation initiale, de sa découverte de la *via moderna* et de son expérience de la toute-puissance de Dieu qui attribue sa justice au pécheur : la « droite de Dieu », où siège le Christ, n'est pas un « endroit » juridique où la philosophie en ordre l'aurait relégué dans la gloire, mais c'est la reconnaissance de la puissance même de Dieu et, par la croix, son droit et sa promesse d'être partout présent et « avec nous jusqu'aux extrémités de la terre et jusqu'à la fin du monde » — pour reprendre et expliciter un peu Matthieu 28, 20.

L'énergie et la conviction de Luther ne viendront pas à bout de ses contradicteurs. Zwingli plus que Luther détache la foi du temps et souligne l'intériorité convaincue plus que l'objectivité de la foi, plus sensible à l'action antérieure et invisible de Dieu — que Luther ne méconnaît certes pas, mais il insiste sur la relation entre la parole spirituelle et les éléments matériels.

Le baptême des enfants

Carlstadt, un enthousiaste, avait accéléré le mouvement de réforme engagé par Luther tandis que Müntzer, plus agité encore, avait pris la tête d'une jacquerie. Ces deux illuminés avaient été parmi les premiers, dès 1521, à remettre en cause le baptême des enfants. Cette pratique comportait en effet à leurs yeux une tare congénitale et un risque d'irresponsabilité totale.

La tare parce qu'il s'agissait d'une pratique de l'Église romaine qui depuis des siècles mettait la main bénisseuse des prêtres sur la tête de petits enfants qu'elle faisait ainsi siens. Le baptême est en quelque sorte un moyen de recrutement de futurs fidèles de l'Église « papiste » et les nouvelles communautés, libérées du joug de Rome, doivent retrouver la liberté de pratiquer un baptême selon l'Évangile.

Mais, en plus de la tare, il y a le risque de faire des chrétiens malgré eux, puisque les petits enfants n'auront aucun souvenir de l'accueil de l'Église et de leur engagement implicite à en faire partie.

A ces arguments, un peu schématisés, il est vrai, Luther apporte des éléments de réponse alors que quelques prêtres de Zürich, considérant les baptêmes d'enfants comme sans valeur, pratiquent le re-baptême, d'adultes, et devant le risque d'expansion du mouvement dit « anabaptiste », le Réformateur de Wittenberg, vigilant, rédige en 1528 une lettre appropriée.

Il développe trois points principaux, dont les deux premiers sont classiques, le dernier beaucoup plus « moderne ».

D'abord un argument œcuménique, dirait-on aujourd'hui : la Réforme ne consiste pas à s'opposer par principe et sans examen à toutes les croyances et pratiques de l'Église romaine.

Luther, nous allons le voir, y reconnaît la foi trinitaire et christologique de l'Église ancienne, et du baptême des enfants il accepte avec gratitude qu'il soit considéré toujours comme un don du Christ à son Église et un bon héritage des Apôtres.

Ensuite, s'il est vrai que les petits enfants n'ont aucun souvenir de la cérémonie et des engagements de leur propre baptême, d'une part les témoins, à commencer par leurs parrain et marraine, le leur rappeleront et le leur apprendront, d'autre part ils assisteront ultérieurement à des baptêmes qui seront aussi instruction du leur.

Enfin, demande Luther avec intuition, qui nous dit que les enfants sont insensibles à la grâce et incapables de croire. Quel adulte même peut se targuer d'être croyant ? Et Jésus n'a-t-il pas appelé ses disciples à devenir comme des enfants pour entrer dans le Royaume de Dieu et n'a-t-il pas béni des petits, leur imposant les mains ? (Matthieu 18, 3 et 19, 15).

La confession de Luther

Il termine son exposé très nourri sur *La Cène du Christ* par un appendice, auquel il tenait beaucoup. Le réformateur ignore en effet quel est l'avenir, le sien et celui du mouvement qui bouscule l'Église romaine.

« Je veux confesser point par point devant Dieu et le monde entier la foi dans laquelle je compte rester jusque dans la mort et avec laquelle (Dieu m'y aide) je veux quitter ce monde et arriver devant le tribunal de Notre Seigneur Jésus-Christ. »

Cette dizaine de feuillets témoigne de la foi de Luther à ce moment clé de son histoire. La suite amènera des conflits sans solutions, des malentendus persistants et, jusqu'à ce jour, des séparations sans réparations, du moins durables et profondes. Dans cette perspective, quelques points sont importants comme base de dialogue entre tous les chrétiens, dès le XVIe siècle.

Luther affirme la foi trinitaire et christologique des premiers conciles. A propos du Christ, vrai Dieu et homme, il souligne le rôle de sa « véritable mère, la sainte vierge Marie ». Puis, mais nous le savions depuis la dispute et la brouille avec Érasme, il « rejette et condamne comme de pures erreurs toutes les doctrines qui célèbrent notre libre arbitre ». Il récuse ensuite les ordres, règles et monastères organisés pour faire notre salut, tout en concédant que cloîtres et autres institutions peuvent « servir d'écoles pour enseigner la Parole de Dieu aux jeunes gens ».

Sur « les saints ordres institués par Dieu », le texte mérite d'être reproduit intégralement : il annonce toute la Réforme protestante dont l'Europe va bénéficier.

Les trois saints ordres

« Les saints ordres et les vraies fondations instituées par Dieu sont les trois suivants : la charge de prêtre, l'état de mariage, l'autorité temporelle.

Tous ceux que l'on trouve dans la charge de pasteur ou le service de la Parole sont dans un ordre et un état saints, vrais, beaux et agréables à Dieu, comme, par exemple, ceux qui prêchent, offrent les sacrements, administrent la caisse commune, ainsi que les sacristains, les messagers ou les serviteurs qui servent de telles personnes... Il s'agit là d'une œuvre sainte devant Dieu.

De même, celui qui est père et mère, qui gouverne bien sa maison et élève ses enfants pour le service de Dieu est aussi dans un sanctuaire, dans une œuvre sainte et un ordre saint...

Il en va aussi de même pour le prince ou le souverain, les juges, les fonctionnaires, les chanceliers, les serviteurs, les bonnes et tous ceux qui les servent, ainsi que pour tous ceux qui sont obéissants et soumis : tout cela est pure sainteté et vie sainte devant Dieu. C'est parce que ces trois institutions ou ordres sont compris dans la Parole et le commandement de Dieu...

Outre ces trois institutions ou ordres, il y a maintenant l'ordre commun de la charité chrétienne dans lequel on sert non seulement les trois ordres, mais aussi et en commun, par toutes sortes de bienfaits, chaque homme qui en a besoin : il s'agit là, par exemple, de nourrir ceux qui ont faim, d'abreuver ceux qui ont soif, de pardonner aux ennemis, de prier pour tous les hommes sur la terre, de souffrir toutes sortes de maux sur cette terre... »

Œuvres, Labor & Fides, t. VI, p. 180.

Qu'il y ait un seul Christ et un seul Évangile implique un seul baptême et, comme il vient de s'en expliquer longuement, « le sacrement de l'autel dans lequel le corps et le sang sont véritablement mangés et bus de bouche dans le pain et le vin ».

Quant à la sainte Église chrétienne ou chrétienté sur la terre, elle n'est « pas seulement comprise sous l'Église romaine ou le pape, mais elle est dans tout le monde, dispersée corporellement sous le pape, les Turcs, les Perses, les Tatars et partout.

Maintenant dans l'Église chrétienne la confession secrète, mais comme consolation et avis, et sans obligation, Luther récuse encore les indulgences, puis la prière pour les morts et le purgatoire, dont l'Écriture ne dit rien : « Cela a certainement été inventé par les esprits des lutins »...

Pas d'invocation des saints, l'onction comme prière pour fortifier les malades, pas d'autres sacrements, comme le mariage ou l'ordination, que « le baptême et la cène du Seigneur à côté de l'Évangile ».

« La messe prêchée et vendue est la plus

grande des abominations et il faut échapper à la sainteté blasphématoire *(sic)* de la chasteté, de la pauvreté et de l'obéissance par lesquelles on prétend parvenir au salut. »

Enfin, avec son bon sens pastoral et plus encore sa confiance dans l'Évangile, Luther, avant de conclure de manière solennelle cette confession, nous dit, comme en passant : « Je tiens pour libres les images, les cloches, les vêtements liturgiques, les ornements d'église, les cierges d'autel et toutes choses semblables. »

Pendant l'année qui avait précédé la rédaction du traité *De la Cène du Christ, confession*, Luther avait été malade, ayant traversé des mois de souffrance et d'épreuve. La peste sévissait à Wittenberg qu'une grande partie de la population avait abandonné. Luther était resté, avec sa femme enceinte, l'un et l'autre menacés, mais lui plus atteint encore qui se plaint :

« Érasme et les sacramentaires écrivent contre moi... Le monde entier me hait et m'attaque... »

Mais les épreuves sont loin d'être terminées.

Charles Quint n'est pas encore parvenu à régler la question religieuse qui déchire son empire. L'assouplissement proposé par l'édit de Worms est très menacé par la diète de Spire qui en suspend l'application en 1526. Tout est remis en cause à la deuxième diète de Spire et en 1529 des princes et des villes s'unissent contre la menace qui visait leur liberté religieuse théoriquement acquise.

« Nous protestons devant Dieu, disent-ils, Dieu notre unique créateur, conservateur, rédempteur et sauveur, et qui un jour sera notre juge, ainsi que devant tous les hommes et toutes les créatures, que nous ne consentons, ni adhérons en aucune manière, pour nous et les nôtres, au décret proposé, dans toutes les choses qui sont contraires à Dieu, à sa sainte Parole, à notre bonne conscience, au salut de nos âmes et au dernier décret de Spire. »

Que les contemporains de Luther, ses descendants et d'une manière plus générale tous les héritiers de la Réforme allemande du XVIe siècle soient désormais appelés « protestants » vient plus sûrement de là que de la première protestation de Luther à Worms. A un homme indigné s'est jointe une communauté de croyants qui « protestent » de leur foi.

Les lueurs
(1529-1530)

Quand, en 1529, l'empereur Charles Quint avait prétendu révoquer les décisions, libérales pour l'époque, de la Diète de 1526, la réforme religieuse avait progressé dans toute l'Allemagne, et notamment en Saxe, autour de Luther et du rayonnement de Wittenberg. Les paroisses ainsi renouvelées avaient d'autant plus d'autonomie et de responsabilité de leur propre évolution que les princes et les électeurs n'étaient pas sous la coupe directe de l'empereur.

Avec le traité de Cambrai, dit « paix des Dames » et signé entre Louise de Savoie et Marguerite d'Autriche, Charles Quint, couronné par le pape Clément VII libéré de la prison Saint-Ange, peut envisager un avenir plus paisible, y compris pour la religion chrétienne dans cette Allemagne où il revient après près de dix années d'absence.

Et nous allons bientôt le retrouver à Augsbourg.

Pendant ce temps, compte tenu de la rapide quoique cahotique expansion de la Réforme, Luther pense qu'il faut procéder à une inspection des paroisses de son pays. Le prince électeur voulait aussi connaître la situation en Saxe. Les observateurs les plus sévères parlent encore d'une « détresse épouvantable », d'autres estiment avec plus de nuances que toutes les situations possibles se présentaient aux visiteurs. Quelques lettres de Luther traduisent d'ailleurs bien cet état de fait. A Jean de Saxe, successeur de Frédéric le Sage, mort en 1525, son « obéissant serviteur » signale que « Maître Antoine Thomä, l'actuel pasteur d'Elster, est devenu en raison de son âge, tout à fait incapable d'assurer le service de la paroisse ». Il a donc abandonné sa charge, laquelle pourrait être confiée à « Maître Wolfgang [que] je tiens pour un homme estimable et capable d'exercer cet office. Il a pour femme une nonne si cultivée et si instruite que, même s'il ne l'était pas lui-même, il le deviendrait au contact de sa femme ». Avantage certain, dans ce cas, du mariage des prêtres, inconvénients passagers, parfois, avec le pasteur de Neustadt : « Un homme de bonnes manières et de bonnes mœurs... que j'aurais voulu envoyer maintenant à Torgau ; mais il en est empêché et ne peut partir, car sa femme est malade et doit garder le lit. » Un autre pasteur, « Maître Balthazar, un homme très capable et qui a beaucoup souffert pour la cause de l'Évangile n'est pas payé » et « il faut trouver ailleurs de l'aide pour lui ».

On voit le souci pastoral que Luther prend des ministres de l'Évangile, s'attachant à des situations particulières dont chacune demande une attention et un traitement approprié. Mais cette délicatesse mise à prendre soin des personnes n'atténue en rien les exigences théologiques et spirituelles du réformateur. Car l'état d'ignorance religieuse est plus grand encore qu'on ne pouvait l'imaginer, chez les pasteurs et chez les fidèles. Ne dit-on pas que certains se refusent à apprendre par cœur l'Oraison dominicale au motif que ce « Notre Père » est trop long ! Aussi, en même temps qu'un sermonnaire dans lequel il a recueilli quelques prédications exemplaires, Luther procède-t-il, rapidement, en 1529, à la rédaction d'un *Petit* puis d'un *Grand Catéchisme*.

Il poursuit la traduction allemande de toute la Bible et ses grands commentaires de l'Évangile de Jean et de l'Épître aux Galates.

La puissance intellectuelle de Luther est stupéfiante, car non seulement il est attelé à des tâches de réflexion théologique fondamentale, comme nous l'avons vu, sur la liberté ou les sacrements, mais encore il donne le meilleur de lui-même à des écrits plus pastoraux et pédagogiques comme les deux *Catéchismes*. Son souci principal étant, comme il a été annoncé dans le programme ecclésiologique envoyé à « la noblesse chrétienne de la nation allemande », de faire tomber les murs entre une Église enseignante, et hiérarchique, et une Église enseignée, entre un clergé qui sait et un peuple qui ne sait pas. La ligne de partage passe ailleurs et tous sont appelés à instruire les autres et à l'être par eux.

Un petit texte est étonnant à ce sujet, intitulé *Comment faut-il prier ?* dédié à maître Pierre, le coiffeur de Luther à Wittenberg. L'illustre client conclut qu'il faut « prendre conscience de toutes ses pensées d'un bout à l'autre de sa prière... Un bon coiffeur doit porter toute son attention sur le rasoir. S'il se mettait à bavarder et à penser à autre chose, il risquerait de vous couper le nez ou la gorge... ».

Heureux donc ceux qui ont « des oreilles pour entendre ». Et « des yeux pour voir » : d'où « le devoir d'envoyer les enfants à l'école » et pour les princes celui d'avoir de bonnes écoles « dans lesquelles on élève les enfants dans les arts, la bonne conduite et le véritable service de Dieu ».

Mais le lieu privilégié de la formation chrétienne des enfants reste bien la famille. Aussi commençant par cette cellule de base de la société comme de l'Église, Luther a rédigé le *Petit catéchisme* à l'usage des pasteurs et des prédicateurs peu instruits. Le début de la préface rend bien compte de la situation, du projet et de la méthode. Plus loin, Luther précise ou plutôt donne quatre conseils aux enseignants qui utiliseront ce premier catéchisme — on dirait maintenant « élémentaire ». D'abord, il faut se garder d'employer des textes différents, mais s'en tenir à une rédaction unique, à la même formule qui doit être ainsi mémorisée mot à mot. Ensuite, apprendre par cœur est bien, mais comprendre est mieux et il convient d'expliquer, même simplement, la signification de ce que l'on sait. De plus, comme l'élève n'aura jamais tout compris, il faudra, le moment venu, en arriver aux explications plus développées du *Grand Catéchisme*. Enfin, l'enseignement du catéchisme comporte aussi la prédication qui fait ressortir l'utilité du sacrement « et le dommage qu'il y a à s'en priver ».

Le plan des catéchismes de Luther, suivant en cela les traités du même genre qu'avait utilisés l'Église au Moyen Age, comporte successivement : les Dix Commandements, la Foi, selon les trois Articles — de la Création, de la Rédemption et de la Sanctification —, l'Oraison dominicale, le Sacrement du Saint Baptême et le Sacrement de l'Autel, ces cinq éléments de base de la foi et de la vie chrétiennes. « Expliqués très simplement comme un chef de famille doit l'expliquer aux siens. »

Le *Grand Catéchisme* est plus spécialement destiné aux pasteurs, prédicateurs, ecclésiastiques sur lesquels Luther porte un diagnostic très sévère, voire emporté par la polémique dont il a peine à se départir :

Extrait de la préface au Petit Catéchisme (1529)

« Martin Luther, à tous les pasteurs et prédicateurs fidèles et pieux : que la grâce, la miséricorde et la paix vous soient données, en Jésus-Christ, notre Seigneur.

Ce qui m'engage à réduire le catéchisme, c'est-à-dire la doctrine chrétienne, à une forme si petite et si simple, c'est l'état désolé de l'Église, tel qu'il s'est révélé à moi lorsque j'ai pris part à l'inspection des paroisses.

Grand Dieu ! de quelles misères n'ai-je pas été témoin ! Le peuple des campagnes, surtout, ne sait plus rien de la doctrine chrétienne ; un grand nombre de pasteurs, hélas ! sont eux-mêmes incapables de l'enseigner. Tous s'appellent chrétiens, sont baptisés et reçoivent le Sacrement ; et ils ne connaissent ni le Notre Père, ni le Symbole, ni les Dix Commandements. Ils vivent comme des brutes et des pourceaux. Maintenant que l'Évangile luit de nouveau, la seule chose qu'ils aient apprise, c'est d'abuser en maîtres de toutes les libertés.

O évêques, comment vous justifierez-vous devant le Christ, vous qui avez si honteusement abandonné le peuple et qui n'avez jamais rempli les devoirs de votre ministère ?

Que Dieu vous fasse grâce ! »

Œuvres, Labor & Fides, t. VII, p. 15.

« Beaucoup de pasteurs ne se soucient guère de leur ministère ni de la doctrine qu'ils doivent enseigner. Les uns se croient trop savants pour cela, les autres sont trop paresseux et ne s'occupent que de leur ventre. On dirait qu'ils ne sont pasteurs ou prédicateurs que pour remplir leur ventre et qu'ils n'ont autre chose à faire, leur vie durant, que d'user des biens de ce monde, comme ils étaient habitués à vivre au temps du papisme... »

Le plan est le même, mais les explications sont très développées et d'une lecture aujourd'hui encore très suggestive et réconfortante. D'autant que Luther qui sait parfois être humble, alors qu'il n'est jamais modeste sinon par politesse obligée, applique à sa propre personne les enseignements qu'il recommande aux autres. « Je reste un enfant, écrit-il dans l'avant-propos du *Grand Catéchisme*, je reste un catéchumène et je m'y résigne de grand cœur. » Et plus loin, le même aveu puisque « les vrais saints savent qu'ils n'auront jamais fini d'apprendre ».

Au souci pédagogique et pastoral de Luther, souhaitant que l'on enseigne et explique les éléments principaux de la foi chrétienne, s'ajoute en permanence celui qu'il a de la rectitude théologique et de l'union entre les Églises. Or là aussi le tableau est sombre.

Quelques lueurs vont-elles apparaître ?

Comme il arrive parfois dans l'histoire de l'Église c'est le pouvoir séculier qui donne ou impose aux chrétiens des consignes de réconciliation et d'union. Ainsi le landgrave de Hesse souhaite-t-il contribuer à réconcilier « les luthériens et les zwingliens ». Il a convoqué à Marbourg, sa ville capitale, les représentants significatifs des tendances en présence : Luther et Mélanchton, venus de Wittenberg en Saxe voisine, Zwingli et Frank de Zurich, Œcolampade de Bâle, Bucer et Jean Sturm pour ceux de Strasbourg, et quelques autres. Le colloque, que Luther nomme « synode » dans le compte rendu qu'il en fait à son ami Agricola, et qui a duré deux jours, a permis des « entretiens privés et amicaux » et la constatation d'un large accord en quinze points sur des convictions communes. Les articles de consensus portent sur la Trinité, la christologie, le péché et la rédemption, la Parole prêchée, la confession, l'autorité et les traditions humaines, le baptême des enfants et la Cène du Seigneur.

Le désaccord, qui ne sera pas résolu, porte sur les modalités de la présence du corps et du sang du Christ dans le pain et le vin de la Cène. Il n'y a pas ou plus débat sur les deux espèces offertes à tous les fidèles, sur le caractère sacrificiel de la messe, ni même sur la qualification ecclésiale du célébrant.

Cette discussion encore sans issue aura séparé les protestants en diverses « confessions » sans compromettre définitivement une perspective commune. Mais ce n'est pas encore le moment d'en parler, sinon pour souligner sans complaisance que la situation était grave et plus que regrettable, à certains égards dommageable pour le témoignage chrétien :

« A la fin, dit Luther parlant de ces gens inhabiles à la discussion que sont pour lui ses objecteurs, à la fin, ils nous ont demandé si nous voulions tout au moins les reconnaître pour des frères ; et le Prince y poussait fortement. Mais nous n'avons pu leur accorder cela. Nous leur avons cependant donné la main de la paix et de la charité, nous engageant réciproquement à éviter les paroles et les écrits blessants, chacun devant enseigner sa propre opinion sans invectives, mais sans renoncer à se défendre et à réfuter l'opinion adverse. C'est ainsi que nous nous sommes séparés... »

Le colloque de Marbourg s'est donc terminé par un accord, et un accord sur le désaccord ! Mais Charles Quint revient, il veut régler les questions religieuses et rétablir l'unité. Il convoque la Diète.

La diète est une assemblée politique, mais aussi religieuse, compte tenu de l'union complémentaire et concurrente des pouvoirs des princes et des électeurs d'une part, des évêques et du clergé d'autre part. Avec leurs hiérarchies et leurs cours respectives, l'empereur et le pape s'y conjuguent tant bien que mal pour défendre leurs intérêts et, si possible, ceux de leurs sujets. La Diète est donc toujours très représentative de tous les partis concernés, mais sa convocation doit impressionner le peuple et convaincre les participants eux-mêmes de la sublime importance de leur présence. D'où le défilé public organisé pour l'entrée de l'empereur Charles Quint à Augsbourg et l'ouverture solennelle de la Diète.

On aurait aujourd'hui quelque idée approximative de cette cérémonie grandiose si on imaginait, à Paris, par exemple, une fête nationale et religieuse qui tiendrait de la convocation du parlement à Versailles, du défilé du 14-Juillet sur les Champs-Élysées et d'un *Te Deum* en la cathédrale Notre-Dame.

Nous sommes donc le 21 juin 1530 et regardons passer le cortège : soldats en armures, lansquenets célèbres, les grands électeurs, princes, ducs et comtes, en tenue militaire, puis couverts des plus beaux draps, soieries et velours les seigneurs flamands, bourguignons, espagnols, suivis de la Maison du roi, pourpre et or, puis la Maison impériale de jaune et or, le grand électeur Jean de Saxe, ce luthérien, qui porte ostensiblement l'épée de Charlemagne, enfin, mais pas tout à fait, l'empereur lui-même sans aucun apparat que sa silhouette élégante qui précède en queue de cortège le légat pontifical et le flot de toutes les couleurs cardinalices et épiscopales.

La messe est dite, et l'on raconte que, pendant la bénédiction du nonce apostolique, le prince électeur Jean de Saxe resta debout, seul témoin insolent au milieu de la foule pieuse et agenouillée ! Tous étant recueillis, personne n'aurait dû s'en apercevoir… Mais le fait est là, déjà significatif d'une résistance probable des luthériens : le lendemain ils n'iraient pas aux cérémonies de la Fête-Dieu et refuseraient de se prêter aux rites de l'adoration du Saint-Sacrement.

Philippe Mélanchton, l'ami fidèle et le fin conciliateur, avait la responsabilité de représenter et défendre le point de vue évangélique. En effet, Luther, mis au ban de l'Empire, ne pouvait quitter le territoire de la Saxe. Mais il est relégué en attente dans le château voisin de Combourg. Là, il se tient informé du déroulement des discussions, bien plus il a donné son plein accord à la déclaration préparée pour la Diète.

« J'ai parcouru l'Apologie de Maître Philippe : elle me plaît beaucoup et je ne saurais comment l'améliorer ou la modifier ; cela serait d'ailleurs déplacé, car je ne sais m'exprimer de façon aussi irénique et réservée. »

Une première rédaction de cette Confession luthérienne avait été dès le mois de mai communiquée aux théologiens catholiques invités à préparer des éléments de réponse. Le docteur Eck arrivait donc à Augsbourg avec une sorte de pamphlet de 404 articles contradictoires. Avec la célèbre *Apologie de la Confession d'Augsbourg*, Mélanchton compléterait les thèses luthériennes initiales, esquissées en 1529 et 1530 par les Articles de Schwabach et ceux de Torgau.

Rédigée par les théologiens de Wittenberg et signée par les princes luthériens et par les représentants des villes luthériennes, cette Confession devient par là-même la Confession de foi de tous les États évangéliques d'Allemagne. Ensuite, le texte de Mélanchton approuvé par Luther prend deux précautions pacifiques, l'une de ne pas revenir sur la querelle eucharistique avec les zwingliens, l'autre de ne faire nulle part mention du pape... Et comme la Vierge Marie ne pose pas problème à l'époque, les futures « trois blancheurs » sont tout à fait absentes du tableau.

Tout n'est pas pour autant paisible dans la cité où s'expriment en public les prédicateurs que les princes luthériens ont fait venir avec eux : Charles Quint doit lui-même faire interdire ces prédications au milieu du peuple des rues, qui vont déchaîner des controverses chez les bourgeois avant même que les princes n'aient débattu ! Tant est grande l'effervescence religieuse et intense la compétition ecclésiastique.

Enfin, le samedi 25 juin, après les ultimes corrections apportées au texte par ses signataires, lecture publique est donnée de la version allemande, à haute et claire voix, par le chancelier de la Saxe. Deux textes originaux, en latin, sont remis à l'empereur.

Le professeur Pierre Jundt rapporte ces paroles significatives, après avoir noté le bon accueil et même la forte impression de cette lecture :

« Le duc Guillaume de Bavière, qui n'aimait pas les protestants, dit au docteur Eck : Vous chargeriez-vous de réfuter la Confession faite par l'Électeur et ses alliés ? Eck répondit : Avec les écrits des prophètes et des apôtres, non, mais avec ceux des Pères et des conciles, je le pourrais ! — Je vous comprends, reprit le duc, les luthériens sont en selle sur l'Écriture, et nous, nous sommes assis à côté. »

A regarder en effet le texte de plus près, on en découvre d'abord l'architecture classique à l'intérieur de laquelle les différents éléments de la confession de foi et du débat religieux trouvent leur place, leur perspective, leur mesure. On ne parle pas encore de « hiérarchie des vérités », comme depuis le concile Vatican II, mais c'est un peu la même optique qui est déjà proposée.

Après une « Adresse » qui, comme son nom l'indique, veut capter la bienveillance de « Votre Majesté Impériale, Illustrissime, très puissant, invincible Empereur, Seigneur très clément », les signataires se sont dits « rester disposés à un concile général, libre et chrétien », et annoncent deux parties : l'une, la plus longue, avec 21 articles, est consacrée aux questions de doctrine authentiques de l'Église chrétienne universelle, l'autre, avec 7 articles seulement, aborde « les abus qui ont été corrigés ».

Quelques éléments peuvent être retenus, surtout pour signaler la portée et les conséquences, dans la vie de Luther et le développement du luthéranisme, des suites qui seront ou non données aux travaux et décisions de la Diète.

La *Confession d'Augsbourg* se conforme en tous points à l'interprétation que les anciens symboles, dont celui de Nicée, ont donné de l'Écriture : les doctrines de la Trinité, du péché originel, les formules du dogme de Chalcédoine sur les deux natures du Christ, la justification par la foi, moins croyance qui sait que confiance en la grâce, le ministère de la prédication, la nouvelle obéissance chrétienne comme conséquence de l'Évangile. Suivent les articles VII à XV consacrés à l'Église, moyens de grâce, Écriture et Sacrements. Après deux articles sur l'autorité temporelle puis le retour du Christ, et des précisions bibliques concernant le libre arbitre, les bonnes œuvres et le culte des saints, la deuxième partie est intitulée : « Articles contestés », mais dans la dynamique des précédents « Articles de foi et de doctrine ».

Sur les points contestés, les luthériens ne demandent aucune innovation radicale, ils ne sont pas des « novateurs », mais réellement des réformateurs qui appellent à un retour, à une conversion, à la correction des abus ecclésiastiques et à la promotion de pratiques plus évangéliques.

Celles-ci ont trait à la communion sous les deux espèces, à la liberté de mariage ou de célibat pour les prêtres, à une célébration de la messe qui ne soit plus conçue comme « un sacrifice expiatoire », à la coutume utile et remise en valeur, après la confession des péchés, de l'absolution privée. La distinction des aliments imposés aux fidèles comme les vœux monastiques appartiennent à une conception légaliste et périmée de la perfection. Sur le pouvoir des évêques, enfin, la *Confession d'Augsbourg* donne aux fidèles la liberté de ne pas leur obéir s'il leur arrive « d'enseigner ou d'instituer quelque chose de contraire à l'Évangile ».

On aura compris, à la lumière de ce que les auteurs ont signé, qu'ils n'ont « rien admis, ni en fait de doctrine ni en fait de cérémonies qui soit contraire à l'Écriture sainte ou à l'Église chrétienne universelle ».

La Diète s'était réunie pendant six mois et se sépara après avoir pris quelques décisions dont la troisième seule nous importe maintenant : pas de concile en vue, les luthériens le souhaitant national et l'empereur le voulant universel — des subsides votés pour financer la lutte contre les Turcs — une année de répit donnée aux « hérétiques » pour se rétracter, Charles Quint lui-même ayant pris le parti des princes catholiques et refusé finalement *L'Apologie de la Confession d'Augsbourg* rédigée *in extremis* par

Mélanchton, toujours soucieux de trouver un terrain d'entente.

Il n'en fut rien, au fond. L'édit de Worms, excommuniant Luther et les siens, était confirmé. La date butoir du 15 avril 1531 étant dépassée, les luthériens, qui avaient constitué avec la majorité des États allemands la ligue de Smalkalde, contribuèrent à la diffusion de leur Confession en Suisse et en France. Mélanchton connaissait d'ailleurs Calvin : sait-on que le réformateur français signera à Strasbourg, en 1540, la *Confession d'Augsbourg* ?

Luther, pendant la Diète, avait été agité et affligé. Agité par le calme de son ami Mélanchton délégué aux disputes, qu'il trouvait trop conciliant, affligé par la nouvelle de la mort de son père auquel il écrivait, depuis Cobourg, le sachant très malade :

« Que dans votre faiblesse, votre cœur se réjouisse donc et soit consolé, car nous avons là-haut un sûr et fidèle défenseur auprès de Dieu, Jésus-Christ, qui pour nous a tué la mort... »

Mais au-delà de son propre père, Luther sait plus que jamais combien « nos adversaires sont, comme nous, entre les mains de Dieu ». Et il précise, de retour à Wittenberg après la Diète, et ses suites incertaines :

« Nos adversaires ne peuvent rien contre sa volonté. Ils ne feront pas tomber un seul de nos cheveux ni un cheveu de personne, sans sa permission. Je lui ai recommandé notre cause, c'est lui qui l'a entreprise, je le sais, c'est lui qui l'achèvera. »

A un ami compositeur et maître de chapelle, il a demandé un exemplaire du cantique « *In pace in id ipsum* », car « dès ma jeunesse le *cantus firmus* m'a ravi ». Qu'en sera-t-il en sa vieillesse qui approche ?

Vers le soir
(1531-1539)

L'évolution du personnage est déconcertante et ses historiens, apologètes ou adversaires, ont tous trouvé des éléments apparemment imparables pour affirmer son excellence ou souligner ses excès inacceptables.

Nous ne pouvons donc ni lire le dernier Luther, auquel nous sommes maintenant parvenus, dans la seule lumière héroïque du confesseur de Worms, ni lire ce premier Luther sous l'ombre portée du prédicateur impitoyable des dernières années. Mais avant de rapporter les invectives honteuses contre les juifs et le pape, il importe de cheminer encore dans ce que j'appelle le soir : quand les travaux essentiels de la journée sont accomplis, quand les batailles décisives ont été menées, quand le moment est venu de s'asseoir, de parler et d'écrire, de raconter avec les bons mots qui remplacent les hauts faits, et de scruter toujours plus les Écritures que l'on a depuis le début lues, traduites, commentées et prêchées.

En 1531, Luther commence son second cours sur l'Épître aux Galates. Depuis 1512, il n'a cessé d'enseigner à l'université de Wittenberg. Celle-ci, au bénéfice du mouvement de réforme et de retour à l'Écriture, est maintenant considérée comme ce qu'on pourrait appeler une faculté de théologie biblique : ses diplômés sont docteurs en Écriture Sainte, Ancien et Nouveau Testament. Les étudiants apprennent à défendre et soutenir des thèses proposées par leurs maîtres, au cours d'exercices académiques nommés « disputes » : on ne cherche pas le consensus, sinon au terme de débats qui visent à démolir une argumentation opposée ou déviante. Mais Luther, qui a organisé plusieurs dizaines de ces disputes, donne également des cours selon un type de commentaire très complet : il comporte, outre l'explication grammaticale, avec recours au texte original, l'inventaire des significations possibles, les conséquences pastorales, les applications homilétiques, voire les enchaînements polémiques.

Avec son cours sur l'Épître aux Galates, qui sera publié en 1535, Luther souligne, après saint Paul qui combattait les chrétiens légalistes, sa doctrine fondamentale de la justification par la foi. Il insiste sur la différence et l'opposition entre la loi et l'Évangile, ce cœur même du christianisme :

« Celui-là donc qui a bien appris à discerner entre l'Évangile et la loi, qu'il rende grâce à Dieu et qu'il sache qu'il est théologien... »

Le cours confirme sans cesse, au bénéfice des futurs prédicateurs et des fidèles, que la justification par la foi en Christ est bien la clé des Écritures et le secret d'une Église soumise à la Parole de Dieu. Ainsi l'enseignement de Luther, comme celui de ses collègues, contribue-t-il à l'approfondissement de la foi et de la vie chrétiennes dans les communautés protestantes.

Rien n'est en effet acquis, même si la situation globale évolue singulièrement. Un regard hors le couvent familial et l'université biblique permet d'apprendre, par exemple, que Zwingli a été tué en 1531 à la bataille de Kappel contre les cantons catholiques, que Rabelais (aussi paillard que Luther !) publie *Pantagruel* et *Gargantua* (1532). Tandis que de l'autre côté de la mer le schisme anglican est consommé (1534), Thomas More exécuté, Paul III élu pape conduira l'Église catholique, dix ans plus tard, à l'ouverture du concile de Trente.

En 1535, enfin, année tellement symbolique pour le triomphe intellectuel de la réforme, Jean Calvin est arrivé à Strasbourg où il publie, en latin, la première édition de son *Institution de la religion chrétienne*. Au moment où Martin Luther achève la traduction de toute la Bible en allemand.

Mieux encore, entre l'Allemagne évangélique et l'Angleterre anglicane, à Paris et contre la Sorbonne, François Ier crée le Collège de France, et Michelet, dont la lucidité est souvent grandiloquente, écrira et s'écriera :

« Ce qui fut admirable, comme première porte ouverte à l'enseignement encyclopédique, c'est qu'aux chaires de langues sacrées on en joignit une de mathématiques. On pouvait prévoir que peu à peu toutes les sciences forceraient l'entrée, se feraient place, formeraient par leur réunion l'école universelle de la libre critique et de la rénovation de l'esprit humain. »

Mais restons sur la terre, celle de Luther et de sa vie quotidienne, laborieuse dans les deux sens du terme, car il est travaillé autant qu'il travaille. La maladie l'atteint, selon qu'il s'en ouvre à un ami en août 1535 : « Quant à moi je deviens décrépit, non par l'effet des années, mais par la diminution de mes forces et je suis presque incapable de travailler dans la matinée. »

Ce qui ne l'empêche pas d'avoir commencé en juin un cours sur la Genèse. Le commentaire des onze premiers chapitres sera publié tardivement, mais les étudiants ont bénéficié sur le champ d'une exégèse chrétienne renouvelée : l'annonce et la venue de Jésus-Christ constituent l'unité des deux Testaments, fondée sur la foi d'Abraham. Et d'une image très simple Luther illustre sa méthode :

« Chaque fois que j'ai comme texte une noix dont la coquille m'est trop dure, je la jette aussitôt contre le rocher (Christ) et je découvre le noyau le plus délicieux. »

Mais le travail d'exégèse, l'enseignement biblique, la tenue des disputes académiques et les prédications ne dispensent pas Luther, quand il le faut, de retrouver le terrain ecclésiastique et politique des débats en cours. Ainsi par sa participation active au colloque qui rassemble à Wittenberg même, au printemps 1536, quelques théologiens qui cherchent toujours un accord sur la Cène, exactement sur la dignité des communiants. Mélanchton est là, Bucer et Capiton, d'autres qui signeront une « Concorde » subtile et provisoire puisqu'elle distingue la réalité terrestre du sacrement de sa réalité céleste à laquelle seule ont part les croyants.

Un autre conflit mobilise encore Luther, entre 1537 et 1540, et qui concerne le bon usage de la loi de Dieu. Si la loi ne justifie pas, ce que Luther confirme absolument, on se saurait en déduire qu'il faut la nier et les « antinomistes », tel Jean Agricola, ne peuvent se réclamer de l'enseignement du docteur de Wittenberg pour renoncer à prêcher la loi.

Plus largement encore, la discussion avec l'Église catholique continue et la perspective de la convocation d'un concile incite les protestants à préciser les points dont il faudra débattre.

Luther est donc amené à rédiger les *Articles de Smalkalde*, en 1537, qui « indiquent ce que nous pouvons et ce que nous ne pouvons pas accepter ou concéder ». La première partie intitulée « Les Hauts Articles de la Majesté divine » reprend très rapidement les symboles de foi de l'Église ancienne. La deuxième partie sur « l'office et l'œuvre de Jésus-Christ » s'attaque littéralement à « la messe (qui) doit être considérée comme la pire et la plus horrible abomination du papisme ». Le pape « n'est que l'évêque ou le pasteur de l'Église de Rome », mais qu'aujourd'hui, malheureusement, « aucun évêque n'ose appeler “mon frère” comme au temps des anciens conciles ». La dernière partie expose « les Articles sur lesquels il est possible d'entrer en négociation avec des hommes savants et raisonnables, ou de discuter entre nous » : le péché et le libre-arbitre, la pénitence, très longuement, les sacrements, mais aussi la confession et l'absolution « qu'il ne convient pas de laisser tomber en désuétude dans l'Église, et cela surtout dans l'intérêt des consciences timorées et de la jeunesse turbulente qu'il convient d'interroger et d'instruire dans la doctrine chrétienne ». Et après avoir traité de l'ordination et de la vocation, Luther, non sans humour, fustige quelques « pratiques de charlatan », telles la bénédiction des cloches ou celle des cierges ou de friandises...

A la même époque, dans un traité *Des Conciles*

et des Églises Luther réaffirme que l'Écriture est la seule source de la doctrine chrétienne. Depuis 1520 et l'*Appel à la noblesse chrétienne de la nation allemande*, il a en effet évolué et sa position s'est, en ce domaine comme en d'autres, radicalisée. Non seulement il n'a plus la déférence confiante envers le pape qui l'animait encore au moment des 95 thèses de Wittenberg, non seulement il n'a plus l'espoir d'en appeler au concile que le pape aurait enfin convoqué, acceptant de s'y soumettre, mais encore et finalement il met sur le même plan le pape et le concile. Il les range sous la seule autorité de l'Écriture, établissant de façon argumentée que ni les premiers grands conciles, ni les anciens Pères de l'Église n'ont témoigné d'aucune doctrine qui ne fût tirée de l'Écriture. De celle-ci, nul ne peut rien retrancher, ni lui rien ajouter, si bien que le Concile a pour mission de « garder le bon dépôt » et d'intervenir quand il est menacé d'amputation ou d'adjonction.

Ainsi le mouvement que fut la réforme de Luther tend à s'immobiliser devant les résistances et la lenteur dont fait preuve l'Église romaine interpellée, et on voit les premiers traits d'une orthodoxie luthérienne qui figera la tradition en doctrines et l'histoire en système.

Néanmoins, la *Confession d'Augsbourg*, qui a été adoptée comme la charte des Églises luthériennes d'Allemagne, et plus encore son *Apologie* ont reçu du sage Mélanchton cette particularité de ne pas entrer en débat sur le pape et les conciles. Et c'est ce qui demeurera dans la vivante tradition luthérienne :

« Pour l'unité véritable de l'Église, il suffit qu'il y ait accord sur la doctrine de l'Évangile et sur l'administration des sacrements, et il n'est pas nécessaire qu'il y ait partout les mêmes traditions humaines ou les mêmes rites et cérémonies institués par les hommes. »

Voilà qui est clair pour la doctrine, mais nous vivons sur la terre et dans l'histoire et il faut répondre aux questions politiques et morales que pose l'actualité.

Pour se défendre contre l'empereur, les princes protestants avaient constitué la ligue de Smalkalde, et cette alliance, depuis les lendemains de la diète d'Augsbourg, assurait la cohérence et la résistance du mouvement initié par Luther.

Or le chef de cette alliance, ou ligue, de Smalkalde n'était à l'époque autre que le landgrave Philippe de Hesse. Agé de dix-neuf ans, déjà marié diplomatiquement à la fille du duc de Saxe, mais de tempérament insatiable, Philippe de Hesse, bien que se réclamant de la foi évangélique, mène une existence sans contrainte, à tel point qu'il s'abstient de la communion. Désireux d'une autre compagne et souhaitant un second mariage sans vouloir annuler le premier, il demande à ses maîtres spirituels et conseillers pastoraux une dispense pour vivre en état de bigamie. Embarras de Luther, pour lequel liberté n'est pas libertinage, et de Mélanchton qui ne voudrait confondre douceur et faiblesse. Une très malheureuse affaire, disent nos historiens, qui pourrait aujourd'hui défrayer la chronique et alimenter nos modernes libelles anticléricaux.

Car Luther cède, et qui plus est avec des arguments qui se voudraient scripturaires : n'y a-t-il pas dans l'Ancien Testament, d'Abraham à David, des cas de bigamie qui n'ont ni déshonoré, ni déshabilité leurs bénéficiaires ? Reste que dans l'empire la bigamie légale n'a pas droit de cité et que les liaisons extra-conjugales, même si elles pullulent en ville et dans les palais, n'ont aucune reconnaissance publique. Aussi, sans nier une condamnation justifiée, convient-il de célébrer ce second mariage en secret. Luther et Mélanchton se prêtent à cette duplicité et Bucer, de Strasbourg, ayant donné son accord, c'est Mélanchton, le pacifique et conciliateur ami, qui sera témoin pendant la cérémonie…

Un secret n'étant jamais gardé, l'empereur posa comme condition à l'absence de poursuite et de condamnation à mort que le coupable renonce à entraîner et à fortifier la ligue de Smalkalde. Ainsi, Philippe de Hesse, au bénéfice de la complaisance injustifiable des réformateurs, joue-t-il sa vie privée contre le sort des protestants. La Ligue va se désagréger et l'empereur pourra passer à l'offensive avec la guerre de Smalkalde, en 1546, qui se terminera par la capitulation de Wittenberg. Luther va mourir à ce moment-là.

Mais déjà le soir est tombé et la nuit revenue puisque lui et ses compagnons ont vraiment manqué de clairvoyance, provoqué un scandale et consenti à un compromis. Des colloques de la dernière chance, convoqués par l'empereur à Haguenau puis Worms et Ratisbonne ne parviennent pas à renouer une tentative de conciliation entre les points de vue protestants et catholiques. Mélanchton, dans tout cela, est tombé malade et Luther lui-même s'assombrit, qui écrit à sa femme « le lundi après Saint-Jacques 1540 » :

> « De la Diète d'Haguenau rien n'est sorti, la peine et le travail sont perdus, et on a fait des frais en vain. Mais à défaut d'autre chose, nous avons du moins tiré Maître Philippe de l'enfer et du tombeau, et nous voulons le ramener joyeusement à la maison, si Dieu le veut, et avec sa grâce... »

Puis Luther déplore des incendies de forêts pour lesquels il maudit le diable et sur le soir d'une journée qui achève de se consumer, il note : « Le bois va être cher cette année. »

Le bois dont on fait le bonheur du foyer, mais aussi les flèches, les bûchers et les cercueils.

La forêt
(1540-1546)

L'année 1541 commence pour Luther et ses compagnons par un échec, une polémique et une inquiétude : un échec œcuménique, une polémique ecclésiologique et une inquiétude religieuse.

L'échec est celui du colloque de Ratisbonne, convoqué en avril et mai, après les rencontres précédentes, également non réussies de Haguenau et de Worms. C'est dire combien les deux partis, adversaires déjà mais pas encore ennemis, cherchent la conciliation, l'empereur étant lui aussi intéressé dans cette quête de paix civile et religieuse.

Un texte préparatoire faisait le projet de quelques concessions, la négociation des points les plus durs et l'arrondissement des angles les plus aigus ayant été prévus par des hommes au tempérament plutôt conciliateur, comme Philippe de Hesse, le landgrave, et Martin Bucer un dominicain rallié à Luther, excommunié lui aussi, en 1523, et depuis installé à Strasbourg. Ils avaient trouvé une formulation équilibrée de la doctrine de la justification, telle que la souveraine grâce de Dieu n'excluait pas, tout en la provoquant, la libre obéissance du croyant. Cependant, sur le caractère sacrificiel de la messe, il restait des difficultés impossibles à masquer, telles que Luther estimait l'ensemble plus en trompe-l'œil qu'en toute clarté. Le vieux réformateur, qui commence à tenir du chef déçu et du chêne massif, oppose une résistance sarcastique au projet d'accord qu'il traite de pièce neuve sur une vieille outre et de couche de plâtre sur un mauvais mur. On se sépare, meurtris et vaincus.

Quelques mois auparavant, après l'échec du colloque de Worms, Luther avec cette sorte de piété prémonitoire qui le caractérise de plus en plus, avait écrit à son ami Antonius Lauterbach :

> « Prions, priez, que tous prient ; car il semble bien qu'ici une crise extraordinaire se prépare. Porte-toi bien et salue de ma part ta vigne et tes raisins. En hâte et très occupé, le samedi après Sainte Catherine 1540. »

Décidément, le réformateur à la tête de bois n'oublie pas les vendanges et le bon vin, biblique et saxon, qui réjouit le cœur de l'homme !

La polémique, contemporaine de l'échec de Ratisbonne et à laquelle Luther va ajouter quelques flèches bien aiguisées, oppose le duc de Brunswick, bon catholique, au prince électeur de

Saxe, vrai protestant. Et le débat, quoique se déroulant entre des personnes, a une immense signification pour l'interprétation de l'histoire de l'Église, l'Église ancienne et vénérable, l'Église nouvelle si friable encore. Car, disent les catholiques aux protestants, vous avez « institué une nouvelle Église contre l'Église ancienne », vous vous êtes séparés, c'est vous qui êtes en même temps « schismatiques et hérétiques », par bifurcation ecclésiologique et par choix théologique. Or, argumente Luther, c'est tout au contraire l'Église que vous disqualifiez comme « nouvelle » qui a conservé ou retrouvé la vraie foi chrétienne de l'Église ancienne. Nous sommes, disent les protestants, dans la droite ligne de la foi des apôtres, la correcte administration des sacrements institués par Jésus-Christ, et notre précision n'a rien ajouté ou retranché au témoignage de l'Écriture Sainte.

La discussion pouvait en rester là, mais Luther ne peut se retenir de lancer des mots blessants, d'employer même les formules grossières selon lesquelles l'Église romaine n'est qu'une « prostituée » et l'Église papiste est « du diable ». Toutes les inventions concernant le pape, les saints, les reliques, les pèlerinages, les confréries, sont définitivement et entièrement incompatibles avec « la sainteté de la Parole de Dieu et la pureté de la doctrine ».

Luther a affublé le duc du sobriquet de « pitre », l'appelant Hans Wurst, et l'on comprend que la réduction des arguments en pitreries faciles prépare des échanges avec la papauté, et une lutte finale contre l'Église romaine, dont les excès sont prévisibles.

En attendant, il y a bien quelques diversions, et la première est cette inquiétude que fait peser sur l'Europe, toujours en 1541, la proximité menaçante des Turcs. Ils ont conquis la Hongrie qui va devenir province turque, ils menacent toujours Vienne et, précipitant le danger, François Ier fait en 1541, pour contrer Charles Quint, alliance avec Soliman le Magnifique. La guerre de « reconquête » des Espagnols s'étendra à l'Afrique du Nord, pendant trente ans encore d'expéditions, de batailles et d'escarmouches.

Que penser d'une expédition contre les Turcs de Hongrie, décidée à la diète de Ratisbonne, et sur laquelle le prince électeur a demandé conseil à Luther ? De Wittenberg, le réformateur envoie une réponse dans laquelle il recommande de ne pas entreprendre cette expédition pour deux raisons : d'une part « nous envoyons 10 000 hommes contre 20 000 ou même 50 000 », ce qui n'est pas raisonnable, et d'autre part, « chargés de péchés, nous sommes en état d'impénitence, en particulier le roi et les papistes… »

Cette lettre du 14 août 1541 conclut avec une sagesse résignée et confiante que s'ils veulent partir, qu'ils partent, Luther ne peut alors que leur donner bénédiction et conseils. Et les

L'expédition contre les Turcs

à Georges Weiss, camérier du prince Électeur
Wittenberg, 14 août 1541

[...]

« Si quelqu'un veut partir en guerre contre les Turcs, il doit songer avant toute chose que le Turc est le fléau et la colère de Dieu sur le monde, et en particulier sur les chrétiens, que Dieu veut ainsi châtier. C'est pourquoi nous devons tout d'abord reconnaître et confesser notre péché, et nous considérer comme dignes d'être châtiés par les Turcs ; sans oublier que peut-être un jour l'heure du Turc sonnera aussi (puisqu'une fois elle doit sonner) ; et comme on ne poursuit qu'un but, qui est de venir en aide aux pauvres gens conformément à l'amour chrétien, un guerrier doit se recommander à Dieu et enfermer dans son cœur deux choses sacrées : la première c'est la foi (Credo), la seconde c'est le Notre Père. Avec cela il est suffisamment armé spirituellement, qu'il meure ou qu'il reste en vie. Et appose là-dessus comme cachet la parole de Jean 11, 25, "Celui qui croit en moi vivra, quand même il serait mort." Après quoi, lance-toi dans la mêlée et risque ce qui doit être risqué. »

Œuvres, Labor & Fides, t. VIII, p. 173.

propos témoignent d'une spiritualité tragique qui a devant elle beaucoup d'avenir.

Les dernières années de Luther, entre 1542 et 1546, vont être marquées par des attaques d'une extrême violence tant contre les juifs d'une part que contre le pape de l'autre. Luther, « démangé par quelque chose comme de la colère », écrit sans concession Joseph Lortz, exprime son opposition par « une haine brûlante qui n'a pas sa pareille dans toute la grossièreté du temps et qui aboutit à une inquiétante déformation. [...] Par là, il a lourdement nui à son œuvre ».

Le tronc d'Isaïe

Dans un écrit de 1523, *Que Jésus est né juif*, Luther, pour répondre au soupçon d'hérésie niant la virginité perpétuelle de Marie, au motif que le Christ était « la semence d'Abraham », non seulement réfute l'accusation, mais encore essaye de convaincre les juifs de rejoindre cette religion chrétienne radicalement renouvelée.

Depuis l'époque patristique puis au Moyen Age, les juifs avaient été de plus en plus l'objet d'une lourde responsabilité, d'une éternelle culpabilité, d'un rejet théologique et politique tels que, malgré quelques bonnes volontés de protection, ils étaient considérés comme des étrangers, des ennemis dangereux à écarter. Expulsés d'Espagne en 1492 puis en 1496

— Luther est un enfant de dix ans —, ils le seront après 1520 de Rastibonne et de Hesse.

Princes et clercs ignorent ou redoutent l'apport positif du judaïsme, depuis le retour aux sources qui le fertilise avec la fondation de l'École de Troyes, par Rashi, au XIe siècle, jusqu'à la défense et illustration du Talmud par un humaniste, que Luther avait consulté, comme Jean Reuchlin, hébraïsant et juriste de grand renom.

Il est vrai, pour expliquer un peu mais sans rien excuser, que les juifs avaient, bien malgré eux, le monopole du prêt et de l'usure, et, plus encore, la réputation, sans doute exagérée, d'avoir une influence trop grande sur les protestants, en Moravie notamment, où ils les auraient incités à « judaïser », contre la pratique catholique, bien entendu !

Luther était au contraire persuadé que l'Église maintenant renouvelée attirerait les juifs et qu'ils se convertiraient au christianisme, ce dont ils avaient été retenus par les déviations romaines et les excès papistes. Or les juifs sont forts de leur communauté, maintenue par l'étude, ferme dans le malheur, animée parfois d'impatience messianique, et ne comprenant pas pourquoi le zèle réformateur de Luther, devenu missionnaire et convertisseur, s'acharne contre eux. Le noyau dur et militant du protestantisme a jeté dans la même réprobation le Coran des Turcs, le Talmud des Juifs et les Décrétales des papes...

Mais la colère de Luther s'acharne et monte contre ce peuple élu et pourtant porteur du Messie, faisant preuve d'un antijudaïsme religieux tellement courroucé et obscène qu'il portera les fruits empoisonnés de tous les antisémitismes racistes et totalitaires à venir. C'est même, selon les historiens courageux, trois jours avant sa mort, que dans un dernier sermon Luther prononça le 15 février 1546 une diatribe contre les juifs telle qu'on hésite à la reproduire. On peut cependant le faire, maintenant qu'il est trop tard, avec Jules Isaac qui cite les propos scandaleux dans son *Jésus et Israël* de 1948 : après avoir traité les juifs de « bêtes venimeuses, vipères... cancers et diables incarnés », Luther interpelle les autorités civiles et mobilise le bras séculier :

> « Je supplie nos magistrats d'exercer une pitié sévère envers ces misérables... Qu'ils aient soin d'incendier leurs synagogues... Qu'ils les forcent à travailler. Et si tout cela ne sert de rien, nous serons contraints de les expulser comme des chiens enragés... »

Car il y a souvent des chiens, et enragés, dans les invectives de Luther, hier contre les paysans, aujourd'hui contre les Juifs, demain contre eux encore. Et Jules Isaac a la franchise cruelle d'ajouter, et après l'« holocauste » : « Patience, Luther, Hitler viendra. Tes vœux seront exaucés, et au-delà... »

Mais pour en rester à Luther qui n'a certes pas imaginé de telles conséquences lointaines ni la reprise par les nazis de ses divagations criminelles, on peut, sur cet épisode plus que douloureux, faire deux ou trois remarques.

D'abord nous sommes devant le phénomène de la puissance de la parole et par exemple de ce que l'Épître de Jacques — pour laquelle Luther n'avait aucune considération ! — dit de l'usage que nous faisons de notre langue : « Avec elle nous bénissons notre Seigneur et Père, avec elle aussi nous maudissons les hommes qui sont à l'image de Dieu… » (3, 9).

Ensuite, cette folie haineuse de Luther nous rappelle que, si l'échec et le grand âge peuvent être considérés comme un « naufrage », ils sont aussi capables de tourner à l'orage » et d'envoyer la foudre sur les forêts rebelles au défrichage de la nouvelle religion !

Enfin, il appartient sans doute à l'intuition luthérienne la plus profonde et permanente de ne pas tricher avec la réalité du mal, du péché, de ce que Luther appelait « le diable », à l'abri de quoi nul n'est définitivement, aurait-il toute sa vie clamé l'appel à la vraie pénitence et proclamé la justice de Dieu.

Une branche morte

Voilà bien encore les derniers coups de hache de Luther contre la papauté. Et là aussi quel chemin parcouru depuis qu'en 1531, dans son

Commentaire de l'Épître aux Galates

« Celui qui vous accorde l'Esprit et qui opère des miracles parmi vous, le fait-il par les œuvres de la loi ou par la prédication de la foi ? » (Ga 3, 5).

« Ils disent que le pape est l'antéchrist. Soit ! mais il rétorque, lui, qu'il possède le ministère de l'enseignement, qu'il a par devers lui le pouvoir d'administrer les sacrements, de lier et délier, et qu'il détient ce pouvoir en vertu d'un droit héréditaire : un pouvoir transmis sans interruption depuis les apôtres. Ce n'est donc pas par de telles agitations tout extérieures que le pape est précipité de son siège, mais cela se produira si je lui dis : Pape, je veux bien baiser tes pieds et te reconnaître comme le souverain pontife, si tu adores mon Christ et si tu accordes que nous ayons le pardon des péchés et la vie éternelle par sa mort et sa résurrection, et non par l'observation de tes traditions. Si tu cèdes sur ce point, je ne te contesterai ni ta couronne, ni ton pouvoir ; mais dans le cas contraire, je proclame sans me lasser que tu es l'antéchrist et j'affirme qu'avec toutes tes cérémonies et tes religions [les ordres ou les pratiques ? NDLR], tu ne te bornes pas à renier Dieu mais tu le blasphèmes au plus haut point et tu verses dans l'idolâtrie… »

Œuvres, Labor & Fides, t. XV, p. 232.

commentaire de l'Épître aux Galates, Luther pouvait écrire :

« Si le pape reconnaît la doctrine de la justification par la foi, je me précipite à ses pieds pour baiser sa pantoufle... »

Certes, le réformateur de Wittenberg a été excommunié, la polémique s'est envenimée et la convocation du concile a été différée, jusqu'en 1545. Il y a de quoi s'impatienter. Après avoir espéré une « conversion » du pape, puis une « réforme » du papisme, puis un concile et peut-être une réconciliation, Luther, découragé à jamais, n'a plus d'autre issue que de rejeter tout le système, et, comme on le faisait à l'époque, de jeter l'anathème sur une institution morte et mortifère, inutile et dangereuse, telle une grosse branche sèche qui ne porte plus ni feuillage, ni fleurs, ni fruits et qu'il faut faire tomber à terre.

D'où le libelle furieux, en 1545, à l'annonce de la proche convocation d'un concile, *Contre la papauté romaine fondée par le diable.* Là encore, et quoiqu'il en coûte à l'image de Luther, mais avec les mêmes réflexions qu'au sujet des Juifs, il faut citer quelques-unes de ces paroles, comme autant d'entailles faites par la cognée du bûcheron furieux :

« Rome est la puissance maudite qui perd les âmes et ruine les peuples, le pape est l'ennemi du genre humain, l'Antéchrist assis au saint lieu, l'homme de péché qui a rempli le monde de ses scélératesses. La papauté, en un mot, est la grande calamité de la terre, le plus effroyable malheur qu'ait jamais suscité la puissance de Satan. »

C'est la stupeur dans les sacristies et les chaumières, et plus encore sous les voûtes de la cathédrale de Trente où s'ouvre le concile, ce 13 décembre 1545, deux mois avant la mort de Luther. Mais c'est trop tard. Sinon qu'en trois périodes qui s'étendront jusqu'en décembre 1563, l'Église catholique aura procédé, avec Paul III, Jules III puis Paul IV à des réformes disciplinaires et à quelques révisions doctrinales qui coïncideront avec le rejet définitif du protestantisme et qui engendreront les orthodoxies ultérieures et respectives, soulignant des identités chrétiennes complètement distinctes, mais promises, peut-être, à un autre et très lointain concile.

Maintenant, c'est toi Seigneur

Grand amateur de musique, étudiant chanteur des rues, compositeur et versificateur de psaumes et de cantiques, tout au long de sa vie Luther s'est préoccupé d'hymnologie. Et si le fameux choral de Luther est le plus célèbre, on ne saurait oublier des transcriptions ou des adaptations des Psaumes, des textes bibliques comme le Cantique de Siméon ou l'Oraison dominicale, des antiennes liturgiques tels l'*Agnus*

Un cantique de Luther
pour le temps de Noël

O Dieu tout-puissant Créateur
Tu deviens homme et serviteur
Et pour nous sauver de la mort
Tu viens partager notre sort.

Le monde immense et frémissant
T'ignore pauvre et faible enfant,
Ton peuple joyeux te reçoit,
Puissant Sauveur et humble roi.

Pour compagnons tu as choisi
Les pauvres de tous les pays,
Pour serviteurs tu recevras
De tous les peuples, tous les rois.

Heureux nous sommes en ce jour
D'être au pouvoir de ton amour,
Heureux serons-nous à jamais
D'être au royaume de ta paix.

(1539. Adapt. 1974).

Cantique 180 du recueil *Nos cœurs te chantent*, à l'usage des Églises de la Fédération Protestante de France, Éditions Oberlin, 1979.

Dei ou le *Gloria*. Mais la musique d'église, édifiante, n'était pas la seule appréciée du théologien auquel on prête le « propos de table » suivant :

« La musique tient à moitié lieu de discipline et de censeur, car elle rend les gens plus doux, plus calmes, plus moraux et plus raisonnables. Les méchants gratteurs de viole ne sont pas inutiles, ils nous font comprendre quel art délicieux est la bonne musique. On reconnaît mieux les qualités d'un blanc quand on met à côté quelque chose de noir. »

Après un bon dîner agrémenté de chanteurs qui avaient exécuté pour le Docteur Martin et les siens « de fort jolis airs et motets », le maître des lieux aurait admirativement déclaré :

« Voilà les nobles dons que le Seigneur répand à foison sur nous durant cette vie, qui n'est pourtant qu'une fosse de latrines. Que sera-ce alors dans la vie éternelle, où tout atteindra la perfection pour notre plus grande joie ? »

Sensible aux arts et pieux de cœur, Luther avait donc aussi ce côté fragile et tendre, en contraste avec d'autres rudesses, voire d'extrêmes violences. Ami des animaux, plus que de certaines catégories humaines, il avait horreur de la chasse et protégeait les oiseaux. Et autant sa protestation pouvait être bruyante et ses indignations orchestrées, autant il savait s'abandonner à la méditation et à la contemplation. Il était encore un peu humaniste à la manière des anciens Grecs ou de la plus récente Renaissance, il était déjà assez romantique comme le seront musiciens et poètes allemands après l'*Aufklärung*.

Mais nous sommes en 1545. Luther a sans cesse travaillé et retravaillé ses traductions de la Bible, avec des éditions successives en 1541, 1543 et 1545, comme pour l'élaboration de plus en plus affinée de ce monument de la langue littéraire allemande et ce sanctuaire de la Révélation. Et si la « sainte Parole de Dieu a été conservée dans les langues hébraïque et grecque », elle peut maintenant parvenir jusqu'à nous, « traduite en d'autres langues également sanctifiées » :

> « Les langues sont les fourreaux dans lesquels est logée cette lame de l'Esprit. Elles sont le coffre dans lequel on porte ce trésor, les vaisseaux dans lesquels on enferme ce breuvage et les celliers où l'on resserre cette nourriture. »

Musicien et poète, commentateur et traducteur, Luther ne fut pas vraiment un organisateur, mais un homme entreprenant, et finalement toujours très actif, se déplaçant volontiers et dans les conditions de voyage qu'on imagine. Ses derniers jours sont d'ailleurs placés sous ce signe de l'activité pastorale, de la volonté réformatrice et de l'ardeur théologique, en un mot du service de la Parole.

En janvier 1546, Luther se met en route pour

aller en mission de conciliation chez les comtes de Mansfeld que divise toujours une affaire d'héritage. Le voyage est mouvementé, comme en témoignent plusieurs lettres envoyées à sa femme : partis de Halle pour Eisleben, les voyageurs ont été empêchés d'avancer par une crue subite de la Saale. Et pourquoi nous priver du récit en date du 25 janvier :

« Nous avons été accueillis par un grand anabaptiste (!), qui a fait pleuvoir sur nous des trombes d'eau et des grêlons, nous a menacés d'un second baptême et a recouvert tout le pays... Nous devons donc demeurer à Halle, prisonniers entre deux eaux, mais nous n'avons pas envie d'en boire. Nous buvons en revanche de la bonne bière de Torgau et du bon vin du Rhin... »

Quelques jours plus tard, il confia à Mélanchton avoir « été saisi d'une syncope », il médite sur la fragilité de l'existence, « car on ne peut se fier à la vieillesse, alors que la jeunesse elle-même n'est pas entièrement sûre de soi », il déplore que sa femme se fasse trop de soucis pour sa santé et il lui écrit le 7 février :

« Laisse-moi en paix avec tes soucis : j'ai pour les porter quelqu'un qui vaut mieux que toi et tous les anges. Il est couché dans une crèche, suspendu aux tétons d'une vierge ; mais cependant, il siège à la droite de Dieu, le Père tout-puissant. Sois donc en paix. Amen. »

Lui est en paix. Dix jours plus tard les comtes ont fait accord et il écrit en quelques lignes un témoignage de gratitude pour cette victoire de la Parole sur les discordes humaines :

« Nous sommes tous des mendiants, voilà la vérité. »

Ce sont les derniers mots écrits par Luther.

Pendant son séjour à Eisleben, la ville où il était né et avait été baptisé soixante-trois ans plus tôt, Luther avait-il eu un pressentiment ? Dans la nuit du 17 au 18 février, ayant beaucoup souffert depuis la veille, il meurt, ayant répété la prière du soir que récitaient les moines, « Entre tes mains, Seigneur, je remets mon esprit », ayant récité trois fois l'Évangile de Jean que répètent les catéchumènes, puisque

« Dieu a tellement aimé le monde qu'il a donné son Fils unique, afin que quiconque croit en lui ait la vie éternelle » (3, 16).

Les témoins sont assez nombreux et divers qui ont transmis les conditions dans lesquelles Luther s'est « endormi en paix », selon la version qu'il avait lui-même rédigée, en 1524, du Cantique de Siméon, le *Nunc dimittis* de la liturgie latine :

« Oui, maintenant, c'est toi Seigneur,
C'est ta Parole, Toi qui renvoies ton serviteur
Dans ta grâce, dans ta paix, car j'ai vu ton salut,
Salut pour tous les peuples. »

Le corps de Luther est ramené d'Eisleben à Wittenberg et partout où il passe les communautés s'assemblent au son des cloches. Aux étudiants de l'université réunis, Philippe Mélanchton s'adresse brièvement, pour conclure :

« Gardons son souvenir, maintenons la doctrine qu'il nous a transmise. Devenons plus humbles et soyons attentifs aux grands changements et aux calamités qui vont suivre cette mort.

Fils de Dieu, Emmanuel qui as été crucifié pour nous et qui es ressuscité, daigne conduire, maintenir et protéger ton Église. Amen. »

Un dernier mot sur le dernier mot, pour rappeler que dans les questions et réponses du *Petit Catéchisme* sur l'explication de la Foi, ou « Symbole des Apôtres », Luther faisait sienne la confession en disant : « C'est ce que je crois fermement. »

Luther est mort, l'histoire continue. On verra dans les dix prochaines années, les protestants perdre la guerre de Smalkalde, bénéficier ensuite de l'Interim d'Augsbourg, cet édit provisoire de paix religieuse signé par Charles Quint en 1547. Mais l'empereur sera militairement vaincu, à son tour, en 1552. Interviendra plus tard la Paix d'Augsbourg, qui donne aux protestants une légale liberté de conscience dans les villes et États luthériens.

Philippe Mélanchton assure la succession de Luther jusqu'en 1560. Mais le luthéranisme, réforme allemande, est en voie d'expansion, comme la réforme française, au-delà de la mort de Calvin en 1564.

Nous allons tenter, en deux brefs chapitres et pour conclure sur la vie de Luther, de cerner les points forts de sa foi et de sa théologie, et de discerner les courants d'héritiers et de successeurs jusqu'au seuil de notre avenir œcuménique.

II

Luther et nous

Dieu pour l'homme

(Solus Christus)

Le christianisme se définit depuis toujours, et avant lui même, avec le judaïsme, « la racine qui le porte », non comme une religion parmi les autres mais comme la religion par excellence : et qui n'est révélée ni par un livre, fût-il sacré, ni par un prophète, fût-il saint, mais par Dieu lui-même qui de la Genèse de Moïse au Prologue de Jean est seul à bien parler de Lui. Luther appartenait à cette famille de croyants qui, de saint Augustin à Pascal, ont avancé dans la foi en Celui qui s'annonce comme « l'Éternel ton Dieu » et « la Parole qui était au commencement ».

Une telle définition liminaire semblera en cette fin du XXe siècle, quand le relativisme sert de réponse aux fanatismes, quand toute affirmation de soi est qualifiée de sectaire, quand toute position claire est perçue comme autoritaire, quand, sous prétexte de consensus social, voire de paix par les religions, tout est bon si l'on est sincère, rien n'est vrai qui ne soit discutable et quiconque croit comme hier, au lieu de parier sur l'avenir, est considéré comme un attardé.

Cela dit pour souligner combien le contexte religieux dans lequel a vécu Luther est différent du nôtre. Les observateurs avisés de notre temps y ont discerné chez nos contemporains la quête angoissée et permanente d'un « voisin aimable ». La préoccupation majeure du Moyen Age et du monde qui en sortait au XVIe siècle était encore celle de trouver un « Dieu aimable ».

Avant donc que l'homme, après le siècle européen des lumières (en toutes leurs langues), se soit situé et défini comme conscience autonome devant Dieu, ou sans Dieu, puis comme un homme au milieu des hommes, étant animal social plus que religieux, avant ces changements de paradigmes qui nous ont précédés puis accompagnés, le monde occidental était vraiment caractérisé par la présence, la pensée et l'action de l'Église chrétienne. Le christianisme était une chrétienté. Et cette chrétienté une institution dominante, conflictuelle mais gérée en termes de pouvoir et par des jeux de force entre papes et empereurs. L'Église tenait les clés de saint Pierre pour le salut éternel et le prince l'épée de saint Paul pour l'ordre temporel. Dieu était premier, posé devant l'homme, et l'Église agréée et reconnue par tous comme l'institution médiatrice, avec son armée de pontonniers aux ordres du pontife.

Mais le système, parfois craquait, sous la poussée de consciences indignées quand elles réalisaient l'emprise religieuse et la prise de pouvoir des clercs sur l'ensemble de la société. Déjà des artistes avaient gardé de l'Évangile la liberté provocante de représenter au tympan des cathédrales un jugement dernier sous le seul et terrible Seigneur Jésus-Christ : les gens d'Église, mitre sur la tête et crosse en main, y figuraient aussi parmi les damnés.

Dans ce climat de justice rétributrive, atténuée par les médiations d'une Église se prétendant justement rétribuée, des consciences s'étaient donc révoltées, de ces hommes que nous avons situés dans « la réforme avant la réforme », John Wicleff, Jérôme Savonarole, Jean Huss notamment.

Ils avaient en commun de rappeler la priorité absolue de Dieu, son altérité qui le soustrait totalement à notre possession, et sa charité qui le soumet entièrement à notre condition : quand la théologie devient ou redevient évangélique, elle est une théologie de l'incarnation, d'un Dieu qui vient « chez nous en Jésus-Christ ».

La religion, même chrétienne, se définissant comme quête de Dieu par l'homme, le christianisme évangélique se découvre comme Dieu à la recherche de l'homme. Et c'est dans la droite ligne théologique du prologue de l'Évangile de Jean que Luther pouvait écrire en 1518, expliquant ses thèses sur les indulgences :

« L'Église a besoin d'une réforme. Mais ce n'est pas l'affaire d'un seul homme, du pape, ni de plusieurs cardinaux, le dernier concile l'a démontré. C'est l'affaire de toute la terre, ou plutôt de Dieu seul. Quant au temps de cette réforme, celui-là seul qui a créé le temps le connaît. »

Plus clairement encore, il reconnaîtra que :

« L'affirmation centrale de toute la doctrine chrétienne, c'est que tout ce qu'il nous faut, nous l'avons en Christ et rien en nous ni dans un autre homme. »

« Rien en nous », telle est la foi de Luther, « tout en Dieu », par Jésus-Christ, ce qu'il a proclamé jusqu'à la fin de sa vie et dans ses derniers propos recueillis. On lui avait demandé s'il voulait « mourir appuyé sur Jésus-Christ », et il avait répondu, d'une voix déjà faible mais encore audible, selon le rapport des témoins : « Oui. »

Ultime parole, unique mot humain qui est réponse de la foi à l'unique Parole de Dieu, selon saint Paul :

« Notre parole pour vous n'est pas oui et non. Car le Fils de Dieu, le Christ Jésus que nous avons proclamé chez vous, n'a pas été oui et non, mais il n'a jamais été que oui. Et toutes les promesses de Dieu ont trouvé leur oui dans sa personne » (II Cor. 1, 18-20). »

Dieu se tourne vers l'homme en Jésus-Christ, alors que voulant se conformer à la Loi biblique ou à la règle monastique le pécheur n'y trouve que sa condamnation. Ainsi que Luther répondant à la dernière question sur les Dix Commandements, le catéchumène ne peut que dire :

« Dieu menace de ses châtiments tous ceux qui transgressent ses commandements ; c'est pourquoi nous devons tous craindre sa colère et ne pas agir contrairement à ses lois. D'autre part, Dieu promet sa grâce et toutes sortes de biens à ceux qui observent ses commandements ; c'est pourquoi nous devons l'aimer, nous confier en lui et faire de bon cœur ce qu'il nous ordonne. »

Et dans le même *Petit Catéchisme*, cet aveu devant l'amour de Dieu :

« Il fait tout cela par sa pure et divine bonté et sa miséricorde paternelle. »

Dieu vient vers l'homme en Jésus-Christ, pour se donner à connaître et à aimer, car il n'y a pas de distance entre la connaissance et l'amour ; la *« via moderna »* a remis en valeur, nous l'avons vu plus haut, la théologie comme démarche de Dieu sensible au cœur et non comme approche par la raison humaine. Luther le dit encore très clairement et avec cette sorte d'allégresse qui s'empare de sa plume quand il déborde de gratitude :

« Voici ce que le Christ nous dit : Veux-tu savoir quels sont tes rapports avec Dieu et comment il est disposé à ton égard, ou ce qu'il pense de toi et, en résumé, comment tu peux venir à lui ? N'interroge pas ton propre cœur, ni ta raison ou tes pensées, ni aucun Moïse ou les rêves d'un autre docteur, mais regarde moi seul et écoute ce que je dis... »

Ou encore, interpellant son auditeur avec plus de proximité :

« Lorsque tu ouvres le livre des Évangiles, que tu lis ou entends comment le Christ vient ici ou là, comment quelqu'un est amené à lui, il te faut prendre pour toi cette prédication et cet Évangile. »

« Le Christ seul », *« solus Christus »* est donc le mot de passe, si l'on peut dire, de toute la théologie de la révélation selon Luther. Autrement dit, sa théologie est une doctrine du Christ, une christologie, même si on ne trouve nulle part, dans les écrits et propos du Réformateur, un exposé systématique. On est dans le domaine de la foi, c'est-à-dire de la confiance qui se repose en Dieu et de la conviction qui en témoigne.

En Jésus-Christ, par son Évangile, ce Dieu pour l'homme lui parle, « notre théologie est certaine parce qu'elle nous place en dehors de nous-mêmes », et l'homme devant Dieu, « cette présence qui rend présent », comme l'écrit Ebeling, l'homme répond à Dieu et de lui-même.

L'homme devant Dieu

(Sola fide)

La foi est pour Luther l'œuvre par excellence de Dieu en nous. Dans un sermon de 1520 sur « les bonnes œuvres » et répondant à des accusations de passivité chrétienne sous prétexte de foi seule, il affirme que « la bonne œuvre, première et suprême, la plus noble de toutes est la foi au Christ, ainsi que le dit Jean 6, 28 et suiv. », et plus loin il montre comment cette foi est source de joie et de liberté :

> « Ainsi un chrétien qui vit dans cette ferme confiance envers Dieu, connaît toutes choses, peut toutes choses, ose toutes choses qui sont à accomplir et accomplit toutes choses joyeusement et librement, non pour accumuler nombre de mérites et de bonnes œuvres, mais parce que pour lui c'est une joie de plaire ainsi à Dieu, et il sert Dieu purement et gratuitement, il lui suffit que cela plaise à Dieu. »

Quand il écrit ces lignes libérées et frémissantes, Luther a fait « la découverte » qui, même difficile à dater exactement, provient de sa lecture et de sa compréhension renouvelée de l'Épître aux Romains. Au long de quelques années, dont 1518 pourrait être le sommet, le moine est passé de l'inquiétude à la confiance, de l'angoisse à la sérénité, de la quête active de Dieu à l'accueil en paix de sa grâce. Et dans l'introduction de 1522 pour la lecture de l'Épître aux Romains, il reprend l'exposé dialectique de ce que la foi est et n'est pas :

« La foi n'est pas l'illusion humaine et le rêve que certains s'imaginent... La foi est une œuvre divine en nous, qui nous transforme et nous fait renaître de Dieu (Jean 1, 12). Elle tue le vieil homme et fait de nous un être totalement nouveau, de cœur, de courage, de sens et dans toutes nos forces. Elle apporte le Saint-Esprit. »

Affirmant cela, Luther est en rupture avec la théologie de son temps ; et la doctrine dite de « la justification par la foi », qui rejoint les affirmations constantes de saint Paul, heurte de plein fouet tant la scolastique et l'approche de Dieu par la raison que les ecclésiastiques et l'éloignement du châtiment par les bonnes œuvres.

« Le juste par la foi vivra », et sur le verbe de cette promesse de « vivre » Luther insistera toujours, sans doute pour trois raisons dont il faut faire maintenant un rapide inventaire.

D'abord, la foi vivante n'est pas croyance enclose en des dogmes, elle est certes confiance du cœur et « confession » de ce que croit l'Église et avec elle chaque chrétien. La foi selon Luther n'est pas un ensemble de vérités dont on parle, mais la vérité de l'Évangile confessée, soit le Christ lui-même. Sans la subjectivité illuminée ou allumée des mouvements et indépendants tels qu'il les a combattus et que nous connaîtrions de nos jours, sous forme de sectes spiritualistes et mystiques. La foi de Luther est aussi la foi de l'Église, sans être foi en l'Église.

Ensuite, cette foi qui justifie est une marche, une avancée, une reprise permanente d'elle-même, jamais arrivée ni satisfaite, mais qui toujours et de jour en jour confesse son incrédulité et reçoit l'absolution de Jésus-Christ. La vie chrétienne dans la foi est une confession permanente de la situation du croyant toujours pécheur, toujours pénitent et toujours justifié. Cette joyeuse liberté du jaillissement et de la découverte prend toutefois le risque, que le protestantisme connaîtra, d'une foi solitaire à force d'être personnellement solide, et d'une culpabilité qui, fatiguée de se repentir, traîne une sorte de tristesse sérieuse, sinon d'angoisse refoulée.

Enfin, le mouvement initial et permanent de la foi qui se confie et se renouvelle peut conduire à une « suspension de l'éthique », soit à une liberté qui ne supporte aucune inscription dans la durée et dans la société, et qui invente jour après jour les normes d'un comportement et les exigences de cet amour que l'Évangile inspire aux croyants. Dans le traité de 1520 sur *La liberté chrétienne*, Luther avait eu cette magnifique formule qui pose le vrai problème sous la vraie promesse :

« Le chrétien est un homme libre, maître de toutes choses ; il n'est assujetti à personne.

Le chrétien est un serviteur plein d'obéissance, il se soumet à tous. »

Ce qui importe pour Luther, c'est que « la parole de Dieu, cette source de toutes les libertés, soit libre ». Dieu parle, et l'homme écoute, la Parole est annoncée, la foi vient de ce qu'on entend : parole vive et libre, qui conduit vers une Église de la Parole et de la prédication, de la lecture, de l'écriture, plus que des signes, même si Luther tient les sacrements pour aussi nécessaires à la foi que la prédication.

« C'est la parole qui agit. Car même si le Christ m'était donné et était crucifié mille fois pour nous, tout serait vain si la parole de Dieu ne venait le distribuer et me l'offrir en disant : c'est pour toi, prends-le, reçois-le. »

L'Évangile dans l'Église

(Sola Scriptura)

Depuis longtemps les Pères de l'Église avaient réfléchi au double problème posé par la lecture et l'interprétation de la Bible : quels sont d'une part les manières de lire et les sens à donner à l'Écriture ? Et d'autre part qu'elle est l'autorité qui dans l'Église décide de telle interprétation, la garantit, la propose ou l'impose ?

On ne peut ici reprendre le débat, mais seulement indiquer comment Luther a tranché, tant à la suite de son travail de traducteur, commentateur et prédicateur des Écritures que de son expérience de croyant interpellé par l'Évangile.

Sur les sens de l'Écriture, allégorique, typologique, spirituel, etc., Luther simplifie en réduisant le principe de lecture à une seule conviction : c'est le Christ qui est le centre et la clé de l'Écriture. Ou l'Évangile, non comme livre ou doctrine, mais comme bonne nouvelle interpellatrice. « Ce qui porte, ou apporte, le Christ », ce qui témoigne du Christ est authentique et authentifie :

« Tous les livres sacrés ont en commun qu'ils prêchent et inculquent le Christ. Ceci est l'épreuve véritable par laquelle nous jugeons tous les livres lorsque nous les examinons pour savoir si oui ou non ils inculquent le Christ. Car toutes les Écritures nous montrent le Christ (Rom. 3, 21) et saint Paul ne veut rien connaître que le Christ (I Cor. 2, 2). Tout ce qui n'enseigne pas le Christ n'est pas apostolique... »

Cette hypothèse conduit Luther, évidemment, à deux conséquences qu'on ne manquera pas de lui reprocher. D'une part, il opère finalement un tri dans les livres bibliques, considérant ainsi, c'est l'exemple le plus fameux, que « l'Épître de Jacques est une Épître de paille », entendez dans laquelle il trouve les œuvres, et non le bon grain de la foi comme dans les lettres aux Romains et aux Galates, qui témoignent du Christ par excellence. D'autre part, la lecture et la compréhension par Jésus-Christ seul de toute l'Écriture conduit à priver de substance spécifique pour les juifs les livres de Moïse comme les Psaumes de David, et finalement tout l'Ancien Testament qui reste lettre morte sans l'Évangile.

Quant à l'autorité qui, comme son nom l'indique, autorise telle interprétation de l'Écriture, pour l'Église catholique contemporaine de Luther et, en un sens jusqu'à nos jours, elle est celle du magistère de toute l'Église, la compréhension de l'Écriture telle qu'elle est reçue par la Tradition, confirmée par les Conciles, exprimée par le Pape lui-même. Tel est le schéma. Mais le drame de Luther, ou plutôt de son Église, c'est la découverte de la distance qui s'est introduite dans l'Église même entre l'Évangile et l'Église. La déclaration du réformateur à Worms était significative et définitive sur ce point, « vaincu par les arguments bibliques cités et la conscience liée à la Parole de Dieu ». Il apparaît ainsi, et de plus en plus de manière indiscutable, que le pape et les conciles ont erré, même par rapport à l'Église des « saints Pères » apostoliques des premiers siècles. Et comme l'a longuement et en permanence développé un théologien catholique, grand spécialiste, sinon disciple français de Luther, le père Daniel Olivier, « la question de l'Évangile dans l'Église » n'a toujours pas été résolue, même si le concile Vatican II a amorcé un retour aux sources de la révélation, reprenant pour les remettre en perspective les anciennes décisions du concile de Trente.

Aux protestants aussi, et depuis le XVIe siècle, la question est posée de l'Évangile dans l'Église, ou plutôt de la place de la Tradition dans la composition du canon des Écritures, sa fixation et sa transmission. Des accords œcuméniques avancent, mais très lentement, vers une conception de l'Église qui serait de nouveau évangélique et encore catholique, soit moins romaine, ou romaine autrement, et dont l'unité s'accomoderait de diversités réelles et positivement reconnues par les uns et les autres.

Christ et le monde
(Regnum Christi)

Nous abordons enfin un dernier point, difficile, de la pensée et du comportement de Luther au sujet du règne du Christ, Tête ou Chef de son Église, certes, mais aussi « Seigneur de toutes choses, des justes et des méchants, des anges et des diables, des pucelles et des catins », pour citer une formulation dont la netteté caractérise une fois encore son auteur. La question est bien la suivante : si, à l'image d'une conception courante à l'époque, la réalité du monde et de l'homme est double, spirituelle et charnelle, céleste et terrestre, l'organisation de la vie religieuse et sociale sera imprégnée de cette doctrine de « deux règnes » : celui du Christ, spirituel, sur les croyants et la vraie communauté, celui du pouvoir politique, au sens noble du terme, sur les citoyens de la cité terrestre.

Le problème de Luther, c'est qu'il fut théologiquement réformateur, voire révolutionnaire dans l'Église, pour elle, puis sans elle et finalement contre elle, alors qu'il fut aussi et en même temps politiquement conservateur, voire oppresseur dans la société et sur elle. L'exemple d'un propos dans le contexte de troubles créés par les spirituels et agités de 1521, et depuis la captivité volontaire dans le château de la Wartbourg :

> « Même s'il devait y avoir une émeute, elle ne servirait à rien. L'émeute n'apporte jamais l'amélioration attendue, car elle ne connaît nulle raison et se tourne d'habitude plus contre les innocents que contre les coupables... »

Pour comprendre, avant de la questionner, cette conception du pouvoir au service de l'ordre public, il faudrait rappeler que la théologie de Luther, sa conception de l'homme et sa vision du monde sont marquées par le tragique de notre condition. S'il parle si souvent, aussi souvent, du « Diable », celui du pape comme celui des Turcs, c'est que pour lui le monde est sous l'empire du mal, non par pessimisme maladif, mais par révélation évangélique même : le Christ a été « fait homme, a souffert et est mort », et une « théologie de la croix » révèle que toute victoire passe par une défaite, qu'il n'y a de résistance que par la soumission à la condition humaine.

La croix contraint la théologie à partir d'en bas, à s'enraciner dans l'histoire, à assumer la contingence, celle du scandale et de la souffrance car le « règne de l'homme » n'est pas glo-

Déclaration de Barmen

1. Jésus-Christ, tel qu'il nous est annoncé dans l'Écriture sainte, est l'unique Parole de Dieu. C'est lui que nous devons écouter ; c'est à lui que nous devons faire confiance ; c'est à lui que nous devons obéir.

Nous rejetons la fausse doctrine selon laquelle l'Église devrait reconnaître, à côté de cette unique Parole de Dieu, encore d'autres événements, puissances, formations et vérités comme Révélation divine et comme source de sa prédication.

2. En Jésus-Christ, Dieu proclame le pardon de tous nos péchés. De même, et avec le même sérieux, il réclame en Jésus-Christ notre existence tout entière [...].

Nous rejetons la fausse doctrine selon laquelle il y aurait dans notre vie des domaines dans lesquels nous n'appartiendrions pas à Jésus-Christ, mais à d'autres maîtres.

De l'Église confessante allemande,
en Synode, à Barmen (31 mai 1934).

rieux, et celui du Fils de l'homme doit passer par cet « anéantissement » dont parle saint Paul (Phil. 2, 7). Comme son Fils en croix, Dieu a deux mains, et Luther précise que « la main droite de Dieu » apporte l'unique et nécessaire miséricorde, le don de la grâce à la foi seule, tandis que « la main gauche » tient et maintient tant bien que mal les institutions pour que règne quand même un peu d'ordre dans la cité.

Mais Luther ne confond pas les deux ordres, l'éternel et le temporel, il distingue les deux règnes, le spirituel et le politique ; dans les deux cas, il confesse l'action de Dieu dans le monde et le règne unique et universel de Jésus-Christ, crucifié et ressuscité. Le danger est donc, soit qu'il y ait priorité, supériorité d'un règne sur l'autre, que l'État empêche l'Église d'exercer son ministère, ou que l'Église paralyse l'État dans sa fonction policière, soit, et c'est le risque majeur que les chrétiens allemands refuseront sous Hitler, que le pouvoir politique s'empare de l'autorité spirituelle, allant jusqu'à se faire Dieu lui-même : ce que les célèbres thèses de Barmen, en 1934, contesteront absolument dans la droite ligne des deux règnes, l'un et l'autre soumis au Christ, comme le disait Luther.

L’aventure des successeurs

Après Luther lui-même, cet homme des luttes, il y aura les luthériens, ces successeurs immédiats, puis le luthéranisme, caractérisant une doctrine et une fédération mondiale d’Églises. A propos de Luther, un historien a parlé de « luthérisme », ce qui ne signifie rien d’autre que cette part intransmissible d’une expérience personnelle unique. Luther d’ailleurs ne s’y trompait pas qui nous avait tous par avance mis en garde :

« Je demande qu’on veuille bien ne pas utiliser mon nom et ne pas s’appeler luthérien, mais chrétien. Qu’est-ce que Luther ? La doctrine n’est pas de moi et je n’ai été crucifié pour personne. Comment se fait-il que pour désigner les enfants de Dieu, on ose employer mon nom à moi, pauvre corps tout puant et destiné à être mangé par les vers, mon nom à moi en qui il n’y a point de salut ? »

Et il est vrai qu'en Allemagne, en tout cas, les Églises nées de la réforme luthérienne, et ses sœurs suisse et française notamment, se nommeront plus volontiers « Églises évangéliques », par rapport à l'Église catholique, qu'Églises luthériennes. Mais ce ne sont que des remarques de forme. L'essentiel de la succession est bien ailleurs. Et je voudrais très sommairement indiquer quatre catégories ou familles successives dans la direction ouverte par Luther à un christianisme réformé.

D'abord, ses contemporains et collaborateurs les plus immédiats, voire les plus connus, comme Philippe Mélanchton, souvent rencontré, Martin Bucer de Strasbourg, Œcolampade à Bâle, le disciple d'abord puis dissident Agricola, sans oublier les princes et les artistes, dont les deux peintres célèbres gagnés à la cause de la Réforme : Albrecht Dürer qui illustrera la Bible, sans jamais rencontrer Luther lui-même, tandis que Lukas Cranach, à la fois reporter et polémiste, apportera sans frémir coups de pinceau et de poinçon tantôt naïfs, tantôt cruels.

Les premiers successeurs de Luther sont ainsi ses contemporains gagnés à la foi évangélique qu'ils traduisent dans leur domaine et appuient de leurs talents. Mais viennent aussi les compilateurs et conciliateurs, sortes de notaires de famille qui veulent rassembler les pièces majeures et y parviennent en 1580, avec la composition du *Livre de Concorde* : on y retrouvera, dans ce qui est déjà une bibliothèque et pas encore un musée, la Confession d'Augsbourg et son Apologie, la Formule de Concorde de 1578, les deux Catéchismes, les Articles de Smalkalde, écrits aux statuts divers mais aux convergences réelles pour tout ce qui concerne les points forts de la Réforme et ce qu'on appellera « les grands principes du protestantisme » : la libre grâce de Dieu en Jésus-Christ, la justification du pécheur par la foi, l'autorité de la seule Écriture sur l'Église et le règne du Christ dans le monde.

Dès le XVIIe siècle, et c'est la troisième étape dans la succession de Luther et du premier « luthéranisme », on assiste à la naissance et à la croissance de ce qu'il faut appeler une « orthodoxie luthérienne ». Entendez par là l'éboration théologique d'un système assez cohérent pour pouvoir être enseigné, assez clos pour tenir sur lui-même indépendamment des différences mineures, un système enfin qui ait une dimension apologétique pour attirer les hésitants et assez polémique pour convaincre les récalcitrants.

Disant cela, nous ne faisons que repérer, dans l'évolution de l'héritage de Luther, ce qui partout ailleurs se produit plus ou moins, soit un double phénomène d'affaissement d'une pensée forte qui jaillit et de raidissement de cette pensée qui doit en effet résister à sa propre dissolution. A grands pas encore on trouvera, au-delà de l'orthodoxie du XVIIe siècle, comme par ailleurs dans le calvinisme français ou l'anglicanisme britannique, une importante bifurcation théologique et culturelle dans la gestion de l'héritage.

Voit ainsi le jour, dans le contexte européen du siècle des Lumières, un courant religieux rationaliste — il n'épargne aucune Église — qui propose des thèmes déjà très modernes comme la croyance en la Providence, la primauté de la vie morale, la libre critique des textes, la foi au progrès et les noms seraient innombrables à citer d'acteurs, notamment philosophiques, de Wilhelm Leibniz à Christian Wolff. En attendant Schopenhauer qui influencera Nietzsche et Freud. Mais il faut s'arrêter là, sinon pour souligner combien la liberté de conscience initiée par la responsabilité de l'homme devant Dieu, et la critique des autorités, textuelles et ecclésiastiques, ont donné à l'esprit humain des possibilités nouvelles. Les uns les apprécieront comme la belle aventure du progrès, d'autres les ont dépréciées comme les mésaventures de la décadence.

En tout cas, ce courant dit « rationalisme » appelle à son tour une réaction ou une correction qui dans l'espace religieux du XVIIe et du XIXe siècles se nommera le piétisme, ce romantisme du christianisme. A la raison s'oppose la foi intérieure, intime et sans autre raison que d'aimer le Sauveur, que de chercher l'union mystique avec lui et le refuge de l'âme dans l'effusion des sentiments : la littérature, la poésie, la musique, la prière et le chant expriment et fortifient cette intériorité inexprimable et fragile.

Des compositeurs et auteurs tels Praetorius, Schütz, Shein, ou le poète Paul Gerhardt ont ouvert la voie à la grande musique « chrétienne » de Jean-Sébastien-Bach, mort en 1750 (deux siècles après Luther) : il a intégré la magnificence de l'Évangile, le *« cantus firmus »* de la foi et les frémissements de l'âme à un génie musical multiple et presque inépuisable jusque dans sa propre répétition. Les chorals, cantates et passions ont diffusé dans le monde entier, et d'une même voix, la théologie et la mystique que Martin Luther avaient profondément renouvelées et comme inaugurées entre la fin du Moyen Age et le commencement du monde moderne.

Un avenir œcuménique

J'entends par là, non plus la diversité évolutive des successeurs, dans un processus diachronique qui vient jusqu'à nous, mais l'expansion sociologique et politique des communautés ecclésiales se rattachant à la réforme luthérienne et leur contribution à l'avenir du christianisme.

Les grandes nations luthériennes, s'il faut parler ainsi, sont dès le XVIe siècle l'Allemagne et les Pays scandinaves. La population y est en majorité de tradition luthérienne, sous le vocable déjà signalé d'Églises évangéliques, qui sont aussi des Églises nationales, majoritaires, populaires, avec les avantages sociaux et les risques spirituels d'une telle condition.

Notre propos ne nous permet pas d'en faire l'histoire, sinon pour rappeler que la foi des Églises luthériennes a largement dépassé l'Europe, et le protestantisme européen, même si la majorité de leurs membres (37 millions sur 60) habite sur notre continent. On trouve des communautés luthériennes vivantes en Amérique du Nord et du Sud à la suite des émigrations allemande et scandinave, puis en Afrique, Asie et Australie comme fruits de missions très actives. En 1947, la communion de ces Églises s'est structurée en une Fédération luthérienne mondiale qui vient de fêter son cinquantenaire et dont il nous faut saluer, en un dernier chapitre, l'apport au mouvement œcuménique actuel et l'importance pour son avenir.

L'avenir n'étant que le produit de l'acharnement mis par les vivants à réaliser ce qu'ils ont commencé d'entreprendre, et en même temps la disponibilité, du moins pour les croyants, à ce que Dieu nous prépare comme surprises d'Évangile, on peut avec gratitude et modestie souligner trois traits caractéristiques de notre condition chrétienne, un peu plus de cinq siècles après la naissance de Luther et quelques années avant l'an 2000.

Voyons successivement l'apport de la tradition et de la dynamique luthériennes au mouvement œcuménique, à l'Église confessante et au concile catholique.

Le mouvement œcuménique

Il est né en 1910 de la conscience prise d'abord par les Églises protestantes dans le monde de l'éparpillement et de la concurrence de leur mission commune de témoignage et de service. Dans les grands rendez-vous qui ont marqué l'entre-deux-guerres, et qui devaient aboutir à la constitution du Conseil œcuménique des Églises, en 1948, la famille luthérienne a joué un rôle au moins aussi important que les réformés, et les anglicans puis les orthodoxes à partir de 1968. Car si Luther est bien à l'origine de la réforme de l'Église d'Occident, c'est aussi après lui que cette Église d'Occident s'est divisée, par résistance du réformateur à la soumission, et par résistance des autres à la réformation. Le lieu n'est plus de faire le partage des responsabilités, mais les protestants ont estimé, au double inventaire du succès mondial et de l'échec local de la Réforme, que le temps était venu de chercher ensemble une unité perdue et de restaurer une communion malmenée. Ce sont les grands thèmes de la foi de Luther qui ont été et sont toujours au cœur du mouvement œcuménique, la royauté de Jésus-Christ sur l'Église universelle et le monde entier, la justification par la foi et la réconciliation en Christ, la libre soumission à l'autorité de l'Écriture et la joyeuse participation aux sacrements dans une Église sans cesse renouvelée par l'Évangile. Et dans le dialogue multiple et interne au protestantisme, il est certain que les insistances luthériennes rappelées ci-dessus ont réellement servi la recherche de notre unité en Christ, une unité ecclésiale de communion, et non des compromis sentimentaux de survie.

Le renouveau théologique

La théologie de Luther a profondément et toujours inspiré et marqué le renouveau théologique que vient de connaître le XXe siècle protestant. Nous avons mentionné la sortie du rationalisme religieux, la naissance d'un courant libéral et la prise en compte par la théologie chrétienne des éléments historiques qui permettent de la comprendre et actualiser. Mais dans la tradition de Luther, le protestantisme a de siècle en siècle cultivé ce qu'on pourrait appeler une « théologie de la rupture ». Le penseur danois Kierkegaard (1813-1855) fut le plus rebelle des luthériens, contestant non seulement l'Église luthérienne installée, mais faisant à Luther un procès aussi violent que celui que le réformateur engagea contre la papauté. La réforme permanente de l'Église suppose dans le protestantisme la liberté totale donnée aux théologiens de s'exprimer. Ainsi se dressant les uns après les autres contre les conformistes de la religion, un Karl Barth qui remet au premier plan de la théologie la prédication de la Parole de Dieu, un Rudolph Bultmann qui répond par l'attention absolue qu'il faut porter à l'auditeur. Au prédicateur de l'Évangile, à l'exégète des Évangiles s'ajoute un troisième grand théologien contemporain, Paul Tillich, émigré aux États-Unis où il découvre un « protestantisme sans réformation » : homme des frontières entre la religion et la culture, il résiste au nazisme comme son cadet de vingt ans, un autre théologien luthérien allemand, Dietrich Bonhöffer. Ce dernier est connu par son martyre, mais son œuvre, principalement consacrée à la vie communautaire et à l'éthique chrétienne, est d'inspiration luthérienne. La nécessité évangélique de récuser toutes les formes d'aliénation religieuse lui a fait dire aussi : « Je ne puis autrement, Dieu me soit en aide. »

Vatican II

Le concile catholique, enfin, a lui aussi été au bénéfice de l'héritage laissé au christianisme par Martin Luther, le moine augustin du XVIe siècle saxon. Les chrétiens appartenant à l'Église catholique romaine l'ont reconnu, à commencer par le père Yves Congar, qui fut expert au concile Vatican II, et bien d'autres, qui ont gardé de Luther la double conviction d'une nécessaire et permanente conversion des fidèles à l'Évangile et d'une aussi permanente et nécessaire réformation de l'Église elle-même : « la réforme, comme statut normal de l'Église », ainsi que l'écrit le père Daniel Olivier qui constatait encore récemment que :

« ... la réforme tant attendue de l'Église n'a pas vraiment eu lieu. Les Églises protestantes, qui n'ont pas vocation à être autre chose que l'unique Église du Christ, sont là qui continuent à poser à l'ensemble des croyants les questions des réformateurs. Elles subsistent tant que leurs interrogations n'auront pas trouvé suffisamment d'échos dans les autres Églises, dont l'Église catholique... »

Le décret de Vatican II sur l'œcuménisme appelle toujours l'Église, de la part du Christ, à cette « réforme permanente ». Les protestants savent-ils qu'ils sont eux aussi appelés à cette « conversion des Églises » dont parle le Groupe des Dombes ? Et s'ils ne fonctionnent pas par conciles et décrets, l'Évangile au moins les interpelle, comme le Dieu de Luther et comme le Seigneur Jésus-Christ, par ces deux questions qui, au jour le jour comme au dernier jugement, n'en font qu'une : « Adam, où es-tu ? » « Et toi, Caïn, qu'as-tu fait de ton frère ? »

Le seul vrai retour à Luther est toujours le retour à l'Évangile.

CONCLUSION

Le choix de Luther

Le choix de Luther est celui de l'Évangile de Jésus-Christ. Mais toute la question que ne cesse de poser la pensée chrétienne de Luther est de savoir ce qu'il entend par « Évangile de Jésus-Christ ». Nous savons au moins que le grand réformateur allemand du XVIe siècle fut l'homme qui entendit, non des voix, mais une parole. Par l'Évangile, Luther entend qu'il « entend » l'Évangile. Il s'agit d'une théologie du Verbe, incarné, prêché, confessé. Pour le dire en deux mots suffisants, la théologie de Luther est une « christologie ». En latin, de manière plus concentrée, *« Christus extra nos et pro nobis »*.

Autrement dit, la foi chrétienne commence avec une personne, quelqu'un qui se donne à connaître ; la foi est une rencontre réelle et l'échange d'une Parole qui est reçue et donnée, et réciproquement. Elle est moins une expérience intime et subjective que la condition même de la créature humaine sur la terre et sous le ciel : un être de vocation, appelé à entendre et à répondre. C'est pourquoi l'Évangile est irréductible et pour le définir comme le choix de Luther, le choix dont Luther est à la fois le bénéficiaire par grâce et le responsable dans la foi, cet Évangile ne peut être d'abord défini que négativement.

Ainsi, l'Évangile n'est pas l'Écriture. Quand saint Marc commence son Évangile par ces mots « Commencement de l'Évangile de Jésus-Christ », il ne veut pas dire qu'il va écrire un livre racontant des histoires, mais qu'il inaugure l'événement unique et décisif que saint Jean, de son côté, proclame comme « la Parole a été faite chair ». Et non seulement pour Luther l'Évangile n'est pas l'Écriture, mais encore toute l'Écriture n'est pas Évangile, ou l'est plus ou moins. Et dans l'Ancien comme dans le Nouveau Testament Luther fait une distinction entre « l'enseignement de la grâce et bien d'autres enseignements, qui sont des lois ou des commandements ». Et de toute l'Écriture il peut dire : « Ici tu trouveras les langes et la crèche dans lesquels couche le Christ ; ce sont là des langes modestes et sans valeur, mais précieux en est le trésor, le Christ qui couche dedans. »

Moins encore que l'Écriture Sainte, l'Évangile n'est un système de vérités universelles qui seraient construites en ensembles logiques. L'Évangile n'est pas plus la somme des livres bibliques mot à mot qu'une somme théologique ou une institution chrétienne, ou une dogmatique ecclésiale. Le christianisme de Luther, dans cette perspective, n'est absolument pas une « religion du livre » et moins encore d'une Église enseignante et d'une tradition contraignante.

L'Évangile enfin, privé de l'objectivité infaillible de l'écrit comme de la permanence imposante des dogmes, l'Évangile n'est pas davantage une expérience personnelle dont l'authenticité confessée serait la garantie perpétuelle.

L'Évangile, en somme, n'est pour Luther ni l'Écriture, ni l'Église, ni l'Expérience. Il n'est que l'Évangile de Jésus-Christ. On ne peut pas être luthérien après Luther, mais simplement chrétien. Il n'y a pas de « Luther au choix », mais « le choix de Luther » qui concerne Jésus-Christ seul.

Repères chronologiques

Martin Luther et son temps

1415 (6 juillet) Matyre de Jan Hus
1455 Première Bible de Gutenberg
1483 (10 novembre) Naissance de Martin Luther à Eisleben
1484 Naissance de Zwingli à Zurich
1491 Naissance de Bucer et d'Ignace de Loyola
1492 Découverte de l'Amérique
Maximilien 1er empereur d'Allemagne
1497 Martin Luther aux écoles, Magdebourg
Naissance de Mélanchton
1498 Luther à Eisenach
Martyre de Savonarole
1501 Luther étudiant à Erfurt
1503 Jules II pape
1505 Luther entre au couvent des Augustins
1507 Première messe
1508 Chargé de cours à Wittenberg
1509 Voyage à Rome
Naissance de Calvin
1512 Docteur en théologie, cours sur les Psaumes et les Épîtres (Romains, Galates, etc.)
1515 Naissance de Thérèse d'Avila
1516 Nouveau Testament grec d'Érasme
1517 (31 octobre) thèses contre les indulgences
1518 Luther déclaré hérétique en juillet
1519 Charles Quint empereur
1520 Les Grands écrits réformateurs
Bulle *Exsurge Domine*
1521 (3 janvier) Luther brûle la Bulle
Excommunication par Rome

1521	(avril) A la Diète de Worms
	(mai)-1522 (mars) A la Wartbourg, traduction du Nouveau Testament
1524	Erasme : *Du libre arbitre*
1525	(13 juin) Mariage avec Catherine de Bora
	Contre Érasme, *Le serf arbitre*
	Guerre des paysans
1526	Diète de Spire
1528	*Traité sur La Cène*, *Confession*
1529	Le *Petit* et le *Grand catéchisme*
	2e Diète de Spire
1530	La *Confession d'Augsbourg*, par Mélanchton
	Diète d'Augsbourg
1531	2e cours sur l'Épître aux Galates
	Mort de Zwingli
1532	Grave maladie
	Ligue de Smalkalde
	Rabelais : *Pantagruel* et *Gargantua*
1534	Fin de la traduction de la Bible
	Schisme anglican
1536	Concorde de Wittenberg
	L'Institution chrétienne de Calvin
1537	Articles de Smalkalde
	Calvin à Genève
1541	Colloque de Ratisbonne
1543	*Commentaire de la Genèse*
1545	*Contre la papauté de Rome*
	(13 décembre) Ouverture du concile de Trente
1546	(18 février) Mort de Luther à Eisleben
1555	Paix d'Augsbourg
	Édition des écrits allemands et latins jusqu'en 1558
	Abdication de Charles Quint
1556	Mort d'Ignace de Loyola
1564	Mort de Calvin

Bibliographie

Textes de Luther en français :

Œuvres, 17 volumes chez Labor & Fides, 1958-1983.

Les grands écrits réformateurs, préface de P. Chaunu, Flammarion, 1992.

De la liberté du chrétien, et Les préfaces à la Bible, édition bilingue, et préface de Ph. Büttgen, Le Seuil, Points Essais, 1996.

Propos de table, préface de P. Chaunu, Aubier, 1992.

Au cœur de la foi de Luther, Jésus-Christ, anthologie par Marc Lienhard, Desclée, 1991.

La Confession d'Augsbourg, postface de Mgr le Bourgeois, Le Centurion, Labor et Fides, 1979.

La foi des Églises luthériennes. Confessions et catéchismes, Textes édités par A. Birmelé et M. Lienhard, Le Cerf-Labor & Fides, 1991.

Gorgées d'Évangile, Libres paroles de Martin Luther, rapportées par Michel Bouttier, Les Bergers & les Mages, 1997.

BRAATEN Carl, *La théologie luthérienne*, trad. J. Fischer, Cerf, 1996.

CASALIS Georges, *Protestantisme*, Encyclopoche Larousse, 1976.

— *Luther et l'Église confessante*, Le Seuil, 1983. Rééd. Cerf, 1983.

CHAUNU Pierre, *Le temps des réformes*, Fayard, 1975.

— *L'aventure de la Réforme*, Complexe, 1991.

CONGAR Yves-Marie, *Martin Luther, sa foi, sa réforme*, Cerf, 1983.

DELUMEAU Jean, *Naissance et affirmation de la Réforme*, PUF, 1991.

EBELING Gerhard, *Luther, Introduction à une réflexion théologique*, Labor & Fides, 1983.

ERIKSON Erik H., *Luther avant Luther*, Nouvelle Bibliothèque Scientifique, Paris, 1968.

FEBVRE Lucien, *Un destin, Martin Luther*, PUF, 1968.

GREINER Albert, *Luther. Essai biographique*, Préface de Marc Lienhard, 3e édition, Oberlin, 1992.

LIENHARD Marc, *Martin Luther. Un temps, une vie, un message*, Labor & Fides et Le Centurion, 1983.

MAURY Pierre, *Trois histoires spirituelles*, Foi & Vie, 1931 ; Labor & Fides, 1962.

MICHELET Jules, *Mémoires de Luther*, Mercure de France, 1990.

— *Renaissance et Réforme*, Laffont, Bouquins, 1982.

OLIVIER Daniel, *Le procès Luther*, Fayard, 1969.

— *Les deux visages du prêtre*, Fayard, 1971.

— *La foi de Luther. La cause de l'Évangile dans l'Église*, Beauchesne, 1978.

OLIVIER Daniel et PATIN Alain, *Luther et la Réforme tout simplement*, L'Atelier, 1996.

STROHL Henri, *Luther, sa vie et sa pensée*, Oberlin, 1953.

Table

II. LUTHER ET NOUS

Collection Temps et visages
dirigée par Bernard Sesé

Michel Leplay,
Martin Luther

Jean Puyo,
Jan Hus

Bernard Sesé,
Pierre Teilhard de Chardin

A paraître :

Charles Chauvin,
Lamennais
Renan

Laurent Gagnebin,
Albert Schweitzer

Monique Gosselin,
Bernanos

Michel Leplay,
Charles Péguy

Daniel Ménager,
Érasme

Hubert et Edouard de Pazzis,
Savonarole

Marie-Anne Vannier,
Maître Eckhart

Achevé d'imprimer le 6 février 1998
dans les ateliers de Normandie Roto Impression s.a.
61250 Lonrai
pour le compte des Éditions Desclée de Brouwer
N° d'imprimeur : 98-0055
Dépôt légal : février 1998

Imprimé en France